ATELIER KEMPE THILL
VILLA URBAINE

VILLA URBAINE

With essays by
Avec des essais de

Jean-Louis Cohen
André Kempe, Oliver Thill
Éric Lapierre

Introduction	7
Introduction	
ORDER AND DESTINY OF THE URBAN VILLA	8
ORDRE ET DESTIN DE LA VILLA URBAINE	
Jean-Louis Cohen	
THE NEW URBAN VILLA	16
LA NOUVELLE VILLA URBAINE	
André Kempe, Oliver Thill	
HIPHOUSE ZWOLLE (NL)	34
WINTER GARDEN HOUSING ANTWERPEN (BE)	58
TENEVER BREMEN (DE)	90
WINTER GARDEN HOUSING PARIS (FR)	104
DEFINING A STANDARD	138
DÉFINIR UN STANDARD	
Éric Lapierre	
Appendix	148
Annexe	

For approximately two decades now, the production of housing architecture in Western Europe has undergone a substantial change. From housing for the *Existenzminimum,* a great shift is taking place toward more individual hedonistic types of collective housing. The core typology of these projects is the medium-sized compact block that could be seen as a contemporary interpretation of the urban villa familiar from the late nineteenth century as part of the more "noble" city extensions. This concerns an all-sided type of building, accessed by one staircase and an elevator in the center. The new urban villa is able to respond to several different conditions on each side without being forced to vary itself too much. Simply because of its relatively small size, it is easily integrated even into more complex urban situations.

This book sets out to describe the possibilities within this major trend along four exemplary projects by Atelier Kempe Thill in four different western European countries. The aim is not simply the documentation of these projects in a catalogue. The actual idea is to review them critically in a larger context from a rationalist point of view and compare the possibilities, advantages, and disadvantages of the conditions for architecture between the four countries, with the aim of fueling discussion about a future common European standard of contemporary collective housing.

La construction de logements sociaux connaît de profonds changements en Europe de l'Ouest depuis environ deux décennies. Un grand basculement est en train de se produire, les logements du type « Existenzminimum » cédant progressivement la place à des unités plus hédonistiques et individualisées. La principale typologie de ces projets – des blocs compacts et de taille moyenne – peut être vue comme une interprétation contemporaine des villas urbaines construites au XIXe siècle dans les banlieues chic. Il s'agit de bâtiments indépendants de plain-pied, desservis en leur centre par un escalier et un ascenseur. Chaque façade peut interagir avec les conditions environnantes sans trop de modifications.

Le présent ouvrage vise à présenter les multiples possibilités de la nouvelle villa urbaine au moyen de quatre projets réalisés par l'Atelier Kempe Thill dans quatre pays d'Europe de l'Ouest. Il ne s'agit pas uniquement de décrire ces projets comme dans un catalogue, mais de les analyser d'un œil critique, dans un contexte plus large et d'un point de vue rationaliste. On pourra ainsi comparer les possibilités, les avantages et les inconvénients des conditions architecturales locales afin d'initier un débat pour un futur standard européen en matière de logements collectifs.

ORDER AND DESTINY OF THE URBAN VILLA

ORDRE ET DESTIN DE LA VILLA URBAINE

Jean-Louis Cohen

In all fields of discourse, paradox is one of the favorite rhetorical figures used by reformists and innovators. It has been present in the concise form of an oxymoron in the discourse of modern urbanism since the invention of the term "garden cities" at the end of the nineteenth century, and in modern architecture with the "villa-apartments" proposed by Le Corbusier in 1922. So what were they talking about? It simply was to suggest that it is possible to reconcile the resources of individual housing and its private garden with the big buildings of collective dwellings, where houses are stacked up one on top of another. Le Corbusier's project was also an answer to the American program of apartment hotels, or residences including all facilities, which he laid out within an area of 400 by 200 meters.[1]

The "urban villa" statement is completely different. This type of building was introduced in the early 1980s as part of the Internationale Bauausstellung in West Berlin, notably with the housing operation coordinated by Rob Krier in the Tiergarten borough or the one led by Charles Moore in the Tegel district.[2] This term designated the crossover between the scales of large villas built at the end of the nineteenth century in districts where one could find numerous embassies and a program of collective dwellings. In the case of Berlin, it usually created imaginative and elegant interpretations, fully showing the potential of this family of typologies.

The research of intermediary solutions using scale or the number of housing units, as an in-between solution of large collective building and the individual house, started in France in the late fifties. One of the examples of this research is the Les Buffets scheme, realized by the team of Guy Lagneau, Michel Weill, and Jean Dimitrijevic in Fontenay-aux-Roses, in the Parisian suburbs.[3] The untranslatable notion of "plot"—or nearly cubic block—was highlighted as an alternative to the spreading towers and blocks of that time. In a context where this had nothing experimental, the scale of the project was used for more than ten thousand speculative buildings erected after the war for the urban middle class from northern to southern Europe. In Rome, they were known as the *Palazzine* and in Athens as *Polykatoikia,* whereas in German and Swiss cities, where the structures were very abundant, they didn't have any specific name.

Atelier Kempe Thill is quite familiar with these historic precedents, and its projects are based on a careful reading of plans from European architectural history, as we can see, for example, in their analysis published in 2012 illustrated by the anthology of their production.[4] In opposition to the politics of the *Minimalwohnung* (minimal dwelling), which had determined a large proportion of modernist production in the interwar period, they would rather propose, in suitably the most realistic conditions, an experiment to demonstrate the possibility of creating a contemporary *Maximalwohnung* (maximal dwelling). No headlong rush, but within the range of mystical life-saving ambitions, thinking that only a considerable amount of housing could increase the average size, or the celebration of, readymade industrial materials, enabling one to escape from on-site work costs, just like Jean Nouvel may have proposed thirty years ago with his Nemausus scheme. Great practical sense prevails in the propositions of this team.

Urban villa, late nineteenth century, Dresden-Striesen (DE)
Villa urbaine de la fin du XIXe siècle, Dresde-Striesen (DE)

Dans tous les champs du discours, le paradoxe est une des figures de rhétorique préférées des réformateurs et des novateurs. Sous la forme concise de l'oxymore, il a été présent dans le discours de l'urbanisme moderne depuis l'invention du terme « cité-jardin » à la fin du XIXe siècle, ou dans celui de l'architecture moderne avec l'« immeuble-villas » proposé par Le Corbusier en 1922. De quoi s'agissait-il alors ? Tout simplement de suggérer qu'il est possible de concilier les ressources de l'habitation individuelle avec son jardin privatif et celles du grand immeuble collectif dans lequel s'empilent plusieurs habitations. Le projet de Le Corbusier était aussi une réponse au programme américain de l'*apartment-hotel*, ou résidence à services intégrés, qu'il déployait sur une emprise de quatre cents mètres par deux cents[1].

Tout autre est le propos de la « villa urbaine », type de bâtiment qui a fait son apparition dans le cadre de l'*Internationale Bauausstellung* de Berlin-Ouest au début des années 1980, notamment avec l'opération dont Rob Krier fut le coordonnateur dans l'arrondissement de Tiergarten, ou celle que conduisit Charles Moore à Tegel[2]. Ce terme dénote le croisement entre le gabarit des grandes villas édifiées à la fin du XIXe siècle dans les quartiers où abondent les ambassades, et le programme de l'habitation collective. Dans le cas de Berlin, il donna lieu à des interprétations dans l'ensemble imaginatives et élégantes, révélant tout le potentiel de cette famille typologique.

La recherche de solutions intermédiaires, par le gabarit et le nombre de logements, entre le grand édifice collectif et la maison individuelle, avait déjà été entreprise en France à la fin des années 1950. Un exemple de ces recherches est l'ensemble des Buffets réalisé par l'équipe Lagneau, Weill, Dimitrijevic à Fontenay-aux-Roses, dans la banlieue parisienne[3]. C'est la notion intraduisible de *plot* qui était ainsi mise en avant, comme alternative aux tours et aux barres qui proliféraient à l'époque. Dans un contexte qui n'a rien d'expérimental, des dizaines de milliers d'immeubles spéculatifs ont ainsi été construits après la Seconde Guerre mondiale pour les classes moyennes urbaines du nord au sud de l'Europe. Connus à Rome sous le nom de *palazzine* et à Athènes sous celui de *polykatoikia*, ils n'ont pas de dénomination spécifique dans les villes allemandes et suisses où ils abondent.

L'Atelier Kempe Thill a une familiarité certaine avec ces précédents et ses projets s'appuient sur une lecture attentive du corpus des plans de l'histoire de l'architecture européenne, comme le montrent par exemple les analyses publiées en 2012 à l'appui de l'anthologie de ses travaux[4]. À l'encontre de la politique du *Minimalwohnung*, qui détermina les travaux d'une bonne partie des modernes dans l'entre-deux-guerres,

These urban villas are located in the wide European territory after the Cold War, where new forms of internationalization have developed. The project of crossing the borders in terms of regulations and forms, which was carried out by the International Congresses of Modern Architecture before 1939, or the seemingly pleaded homomorphism between urban and residential structures by the Team 10 after 1954 is now over. There is no more reductive universalism like the one that, according to Kenneth Frampton, caused the architecture "of resistance" of what he considered a "critical" regionalism,[5] if not the American corporate culture. Meanwhile, there is also no longer any kind of real trans-European debate among architects of the same generation.

Regarding national cultures, they have become porous to products, ideas, and persons. The generation of André Kempe and Oliver Thill is the generation of Erasmus exchange programs, created in 1987, and EUROPAN, its first session held in 1989. Symptomatically, the theme was "The evolution of lifestyles and architecture of housing." Combined with the opening of the market of professional skills across borders, and the mobility of financial operators and private developers, these programs have allowed the emergence of an authentic European practice, the subject of magazines such as *A10,* which has fostered an eloquent image of it since 2004.

New expressions of the universalism inherent to the project of modernity have emerged, often going through the persistence of public policies which are capable, to a certain extent, of influencing the effects of the marketplace, thus allowing the production of accessible housing. These politics are targeting areas that would have qualified as suburban a few decades ago, but which are today genuinely urban entities, components of the sprawling city, a "métapolis," as qualified by the sociologist François Ascher.[6]

In these Pan-European conditions, the production of Atelier Kempe Thill appears as an experimental device allowing—through different circumstances, be it urban situations, techniques, regulations, or methods of financing—all the potential of the team's ideas to be measured. Still in order, the initial hypothesis is highly clear: as they elucidate in the following pages, all the buildings have common characteristics, such as the compactness and the thickness of their volumes and the research of maximum openings to the exterior. By no means do the first two characteristics exclude the research of ingenious solutions to correct the principal default of these thick plans—the existence of a dark zone at the heart of the volume is endowed with atriums and floor openings, letting daylight filter through. The third characteristic involves designing the façade as a prism, allowing the extension of interior space, rather than just a mask protecting against exterior thermal extremes. In this regard, the concept of a double skin enabling the physical envelope to be distinguished from the isolated wall, already used by Anne Lacaton, Jean-Philippe Vassal, and Frédéric Druot in the Bois-le-Prêtre tower in Paris, permits a tectonic quality to be conceived, which is missing in most of the buildings featuring exterior insulation.

The four buildings presented here also allow us to return to one the most polemical issues in the sphere of collective housing since the 1920s—with the first attacks against the "termite mounds" of modern German and French housing, or the criticism of the Russian

les architectes de l'Atelier Kempe Thill proposeraient plutôt, dans les conditions du plus grand réalisme possible, une expérimentation visant à créer un *Maximalwohnung* contemporain. Nulle fuite en avant, cependant, dans la mystique de la série salvatrice qui voudrait que seule une quantité considérable de logements permette d'en augmenter la taille moyenne, ou dans la célébration des matériaux industriels *readymade* permettant d'échapper au coût du travail sur le chantier, comme Jean Nouvel a pu le proposer il y a trente ans avec son « Némausus ». Un grand sens pratique commande aux propositions de l'équipe.

Ses villas urbaines se situent dans un espace étendu qui est celui de l'Europe d'après la guerre froide, où l'internationalisation a trouvé des formes nouvelles. Le projet d'une standardisation des normes et des formes, dont les congrès internationaux d'architecture moderne étaient porteurs avant 1939, de même que celui d'un homomorphisme entre les structures urbaines et résidentielles, pour lequel le Team 10 semblait plaider après 1954, sont aujourd'hui révolus. Il n'y a plus aucun universalisme réducteur comme celui qui, à en croire Kenneth Frampton, avait généré « l'architecture de résistance » du « régionalisme critique »[5] – si ce n'est celui de la culture commerciale américaine –, mais il n'y a plus non plus de véritable débat transeuropéen entre architectes d'une même génération.

Quant aux cultures nationales, elles sont devenues poreuses aux produits, aux idées et aux personnes. La génération d'André Kempe et Oliver Thill est celle des programmes d'échange Erasmus, créés en 1987, et de l'EuroPAN, dont la première session s'est déroulée en 1989. Symptomatiquement, cette session avait pour thème « Évolution des modes de vie et architecture du logement ». Combinés à l'ouverture du marché des compétentes professionnelles par-delà les frontières et à la mobilité des opérateurs financiers et des promoteurs, ces programmes ont permis l'émergence d'une authentique pratique européenne, dont une revue comme *A10* donne une image éloquente depuis 2004.

De nouvelles expressions de l'universalisme dont le projet de la modernité fut porteur apparaissent ainsi, passant souvent par la persistance de politiques publiques capables d'infléchir dans une certaine mesure les effets du marché et de permettre la production de logements à des prix accessibles. Ces politiques se projettent sur des espaces qu'on aurait qualifiés de suburbains il y a quelques décennies mais qui sont aujourd'hui des entités urbaines à part entière, des composants de la ville étendue, cette « métapolis » décrite en son temps par le sociologue François Ascher[6].

Dans ces conditions paneuropéennes, la production de l'Atelier Kempe Thill fait figure de dispositif expérimental permettant de mesurer le potentiel des idées de l'équipe au travers de circonstances différentes, qu'il s'agisse des situations urbaines, des techniques, des normes ou des modes de financement. L'hypothèse initiale est d'une grande clarté : comme énoncé dans les pages qui suivent, tous les édifices construits par l'Atelier Kempe Thill ont en commun la compacité et l'épaisseur de leur volume ainsi que la recherche d'une ouverture maximale vers l'extérieur. Les deux premiers critères n'excluent nullement la recherche de solutions ingénieuses pour corriger l'existence d'une zone obscure au cœur de l'immeuble au moyen d'atriums et de trémies laissant passer la lumière du jour ; le troisième conduit à concevoir les façades plus comme un prisme permettant d'agrandir l'espace intérieur que comme un masque le protégeant des variations climatiques. De ce point de vue, le principe de la double peau déjà utilisé par Anne Lacaton, Jean-Philippe Vassal et Frédéric Druot sur la tour Bois-le-Prêtre à Paris, qui distingue l'enveloppe physique de la paroi isolée, permet de conserver une qualité tectonique dont la plupart des bâtiments isolés par l'extérieur sont dépourvus.

Les bâtiments présentés dans cet ouvrage sont par ailleurs l'occasion de revenir sur la supposée monotonie des logements collectifs, qu'il s'agisse des « termitières » construites par les modernes allemands ou français dans les années 1920, des « boîtes » reprochées aux constructivistes russes, ou encore des alignements quasi militaires évoqués par Victor Hugo pour parler des rues haussmanniennes. Un autre résultat des chantiers expérimentaux de l'Atelier Kempe Thill à Anvers, Brême, Paris et Zwolle est de démontrer que des conditions de départ identiques peuvent donner lieu à de multiples variations caractérisées par une incontestable élégance. À Anvers, par exemple, le jardin d'hiver est encadré par des éléments structurels préfabriqués dont les montants verticaux sont très présents, alors que la solution retenue est plus légère

Nirvana Building, Jan Duiker and
Jan Wiebenga, 1929, The Hague (NL)
Immeuble Nirvana, Jan Duiker et
Jan Wiebenga, 1929, La Haye (NL)

Housing project Les Buffets, Guy Lagneau,
Jean Dimitrijevic, and Michel Weill, 1958–59,
Fontenay-aux-Roses (FR)
Cité des Buffets, Guy Lagneau, Jean
Dimitrijevic et Michel Weill, 1958–1959,
Fontenay-aux-Roses (FR)

Building at Vasilissis Amalias Street,
Takis Zenetos, 1961, Athens (GR)
Immeuble à un croisement de l'avenue
Vasilissis Amalias, Takis Zenetos, 1961,
Athènes (GR)

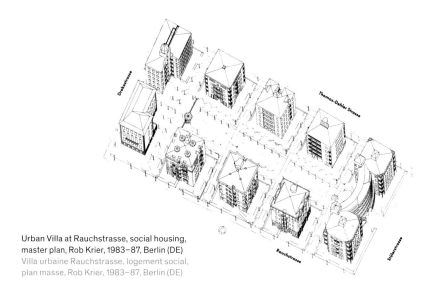

Urban Villa at Rauchstrasse, social housing, master plan, Rob Krier, 1983–87, Berlin (DE)
Villa urbaine Rauchstrasse, logement social, plan masse, Rob Krier, 1983–87, Berlin (DE)

à Paris et qu'elle tend à unifier la grille de façade à Zwolle. Quant à l'immeuble de Brême, ses balcons horizontaux relèveraient plutôt du camouflage.

Kempe et Thill évoquent la notion de rationalité à l'appui de leur projet parisien — Un terme séduisant et largement utilisé qui peut être compris de plusieurs façons. Il est curieux à ce sujet qu'Adrian Forty l'ignore dans son livre *Words and Buildings*, mais c'est sans doute que son propos se limite au contexte britannique[7]. Cette notion correspond à l'italien *razionalismo*, terme qui renvoie aux positions d'architectes modernes de Milan tels que Giuseppe Terragni, Luigi Figini et Gino Pollini, ainsi qu'aux recherches comparatives auxquelles Irenio Diotallevi et Francesco Marescotti ont procédé dans *Ordine e destino della casa popolare*, un ouvrage qui amorce une réflexion sur l'architecture européenne[8] ; je pense aussi à l'acception française, un *rationalisme* qui peut être ou bien structurel ou bien distributif, et que les théories de Viollet-le-Duc et de ses disciples ont préconisé. C'est plutôt ainsi que l'entend l'Atelier Kempe Thill, qui sait penser avec clarté les systèmes structurels en panachant préfabrication et travail simple accessible à la main-d'œuvre peu qualifiée souvent dominante sur les chantiers contemporains.

Au-delà des différences en matière de normes que traduit l'épaisseur des planchers, des murs et des menuiseries, les quatre chantiers pourraient aussi être analysés sous l'angle du processus de programmation, d'approbation, de passation des marchés, de construction et de contrôle. La rigueur de la démarche de l'Atelier Kempe Thill aboutit à effacer dans l'édifice terminé les règlements et les pratiques qui donnent, selon les cas, plus ou moins de responsabilités aux architectes, aux ingénieurs ou aux bureaux de contrôle. Une analyse technique et économique terme à terme du gros et du second œuvre serait de ce point de vue éclairante. Mais l'essentiel est ailleurs. Alors que montent les ressentiments anti-européens dans tout le continent, les quatre édifices indiquent combien l'ouverture des frontières aux compétences architecturales permet de tenir la promesse dont le mouvement moderne était porteur – celle d'une habitation de qualité accessible, dont l'échelle et les qualités d'usage sont infléchies en fonction des pratiques constructives, des usages et des situations urbaines locales.

1 Soline Nivet, *Le Corbusier et l'immeuble-villas*, Wavre, Mardaga, 2011.
2 Dankwart Guratzsch (dir. éd.), *Das Neue Berlin: Konzepte der Internationalen Bauausstellung 1987 für einen Städtebau mit Zukunft*, Berlin, Gebr. Mann, 1987.
3 Maurice Besset, *Nouvelle architecture française*, Teufen, Niggli, 1967, p. 64-65.
4 Pier Vittorio Aureli et al., *Atelier Kempe Thill*, Ostfildern, Hatje Cantz, 2012.
5 Kenneth Frampton, *Pour un régionalisme critique et une architecture de résistance* [1983], in : *Critique*, n° 476/477, janvier/février 1987, p. 66-81.
6 François Ascher, *Métapolis, ou l'avenir des villes*, Paris, Odile Jacob, 1995.
7 Adrian Forty, *Words and Buildings : a Vocabulary of Modern Architecture*, Londres, Thames & Hudson, 2000.
8 Irenio Diotallevi et Francesco Marescotti, *Ordine e destino della casa popolare*, Milan, Editoriale Domus, 1941.

Constructivists' "box" architecture, or, even further in the past, Victor Hugo's criticism of the nearly military alignment of Haussmann's streets—namely, the general monotonous aspect of modern housing estates. Another result of the fourfold site experience conducted by Atelier Kempe Thill in Antwerp, Bremen, Paris, and Zwolle serves to demonstrate that identical premises allow a large range of variations, always stamped with a seal of incontestably elegant drawings. The winter gardens in Antwerp are framed by strong prefabricated structural elements with vertical limbs that have a high visual presence, whereas these elements are omitted in Paris, while the solution employed in Zwolle tends to unify the grid of the façade. In the case of the German building, its horizontal balconies are seemingly more about camouflage.

Kempe Thill summons the notion of rationality in the case of the Parisian project. This seductive term is largely used, and can be understood, in multiple ways. In this matter it is quite curious that Adrian Forty ignores it in his great book *Words and Buildings*;[7] perhaps it is because of the limited British semantic field. I would also evoke the Italian term of *razionalismo,* a slogan that reports to modern architecture in Milan, such as Giuseppe Terragni, Luigi Figini, and Gino Pollini did, and other comparable research by Irenio Diotallevi and Francesco Marescotti, whose book *Ordine e destino della casa popolare* initiates reflection on a European architecture.[8] But it also reminds me of the French meaning of *rationalisme,* which can be structural but also distributive, following the theories of Eugène-Emmanuel Viollet-le-Duc and his disciples. Atelier Kempe Thill is more likely using it in this last sense, for they know how to conceive structural systems with clarity, combining prefabrication with simple and accessible work for unqualified labor forces, often dominant at contemporary construction sites.

Beyond differences in regulations, translated by the thickness of the floors, walls, and the joinery, these four structures can be analyzed through the perspective of the process developed, from the design's approval to the tender, the construction, and the final control. The thoroughness of Atelier Kempe Thill succeeds in erasing, in the final result, the regulations and construction practices, which results in giving more or less responsibilities to the architects, the engineers, or the quality-control bureaus. From this point of view, a technical and economic analysis of the buildings from their basic skeleton to the tiniest elements would be enlightening. But the essential point does not rest here, for as anti-European resentment arises across the whole continent, these four buildings show how much the opening of the borders to architectural expertise allows the promises conveyed by the modern movement to be fulfilled—housing with accessible quality, whose scale and quality of use are shaped by building practices, use patterns, and local urban situations.

1 Soline Nivet, *Le Corbusier et l'immeuble-villas* (Wavre, 2011).
2 Dankwart Guratzsch, ed., *Das Neue Berlin: Konzepte der Internationalen Bauausstellung 1987 für einen Städtebau mit Zukunft* (Berlin, 1987).
3 Maurice Besset, *New French Architecture* (Teufen, 1967), pp. 64–65.
4 Pier Vittorio Aureli et al., *Atelier Kempe Thill* (Ostfildern, 2012).
5 Kenneth Frampton, "Pour un régionalisme critique et une architecture de résistance" (1983), *Critique* 476–77 (January–February 1987), pp. 66–81.
6 François Ascher, *Métapolis, ou l'avenir des villes* (Paris,1995).
7 Adrian Forty, *Words and Buildings: A Vocabulary of Modern Architecture* (London, 2000).
8 Irenio Diotallevi and Francesco Marescotti, *Ordine e destino della casa popolare* (Milan, 1941).

THE NEW URBAN VILLA

LA NOUVELLE VILLA URBAINE

André Kempe, Oliver Thill

TAME MODERNISM

The new type of urban villa can be found in nearly all Western European countries. Big parts of Zurich's extensions are composed of this type. Many of the projects in the agglomerations of Flemish cities are based on it. Quite a few projects by housing groups in Berlin are using these types of buildings. Many recent big housing projects in Vienna follow this concept. Also, the whole idea of the "third age" of urbanism of Christian de Portzamparc, which has impacted all urban plans in Greater Paris and in fact all other major French cities, has the contemporary urban villa as a point of departure. And on nearly all urban master plans of major Western European cities presented at the MIPIM in Cannes, the new urban villa was the dominating type of building, the only difference being in building height according to the different locations. And so on.

Everywhere in Europe, urbanists, politicians, and architects work on this model. It allows one to build big urban projects in phases, reduces the risk of claims against new constructions from neighbors due to the open urban fabric it produces, minimizes the economic risk of each single investment, and—this may be the most important aspect—it offers its inhabitants a quite individual type of living in a still relatively dense urban setting.

All of these activities lead to something that could be called "tame urbanism," an urbanism that is based on this new urban villa and that avoids each form of confrontation by buildings that exceed the always politically correct smallness of the new urban villa.

This urbanism states that it has learned from its modernist predecessors, from the broadly discussed failures of the Grand Ensembles in the late 1960s and the massive closed blocks of the *Gründerzeit*.

Now—that is, then, the common conviction—we have improved on the implementation of a degree of fragmentation, such as also stated by the structuralist architects of the 1970s and 1980s, in order to bring big urban developments back to the human scale.

A GENERAL DESIGN STRATEGY

Atelier Kempe Thill worked in its first decade—next to all other kinds of architectural projects—especially on collective housing in the Netherlands.

For Atelier Kempe Thill, this period offered the possibility to develop a strategic approach on how to conceive housing projects in order to achieve the maximum possibilities in terms of architectural qualities in relation to limited budgets. As quality is hereby understood as a real substantial spatial and architectural quality, each means that is used should add quality to the spaces inside the houses, and equally to the outside appearance of the structures. This is very important due to the constrained economical basis of housing projects; one has to think twice before spending and watch every cent.

The design strategy to achieve this goal can be simply described by seven self-imposed priorities:

UN URBANISME DOMESTIQUÉ

On trouve aujourd'hui la typologie de la villa urbaine dans tous les pays d'Europe occidentale. En effet, une grande partie de la périphérie zurichoise est composée de ce type de bâtiments. Beaucoup de projets flamands, mais aussi les projets participatifs typiques à Berlin, se basent sur ce principe.

De grands projets viennois suivent également ce concept. Enfin, toute la théorie de Christian de Portzamparc sur l'urbanisme de « l'âge III » de la ville — qui a eu un grand impact sur tous les plans urbains du Grand Paris et même sur pratiquement toutes les grandes villes françaises — prend son essence dans l'idée même de la villa urbaine. Dans presque tous les plans urbains des villes majeures européennes présentés au MIPIM à Cannes, la nouvelle villa urbaine est la typologie dominante avec comme seule variation des différences au niveau de la hauteur des bâtiments selon les sites.

Partout en Europe, les urbanistes, les politiciens et les architectes se sont penchés sur la question de la villa urbaine. En effet, cette typologie permet de construire de grands projets urbains en différentes phases. Grâce au tissu urbain lâche qu'elle fabrique, le risque de plaintes des riverains est réduit. Elle minimise ainsi les risques économiques en réduisant les investissements au minimum. Enfin, l'un de ses aspects les plus importants est qu'elle offre un habitat qui se rapproche de l'habitat individuel tout en restant dans un environnement dense et urbain.

Toutes ces particularités amènent à quelque chose qu'on pourrait qualifier d'urbanisme domestiqué, reposant sur le modèle de la nouvelle villa urbaine. C'est un modèle qui de part sa petite échelle reste toujours dans le politiquement correct et évite ainsi toute forme de confrontation. Cet urbanisme revendique qu'il a appris des erreurs de ses prédécesseurs modernes, de l'échec tant débattu des grands ensembles de la fin des années 1960 et des grands blocs fermés de la Belle Époque. Aujourd'hui portée par une conviction commune, l'exécution a été améliorée grâce à l'idée de la fragmentation, une idée introduite par les architectes structuralistes des années 1970 et 1980 afin de ramener les grands projets urbains à l'échelle humaine.

UNE STRATÉGIE GÉNÉRALE DE CONCEPTION

L'Atelier Kempe Thill dans sa première décennie, tout en travaillant sur des programmes architecturaux très divers, a tout particulièrement traité de la question du logement collectif aux Pays-Bas. Pour l'Atelier Kempe Thill, cette période a été l'occasion d'appréhender une approche stratégique sur la conception des logements afin d'atteindre dans un budget restreint le maximum de possibilités en terme de qualité architecturale. On entend par qualité architecturale une véritable qualité spatiale et architecturale, chaque élément utilisé devant se traduire par une valeur ajoutée autant dans les espaces intérieurs que dans son apparence extérieure. C'est primordial dans un contexte de crise économique du logement où l'on réfléchit à deux fois avant de réaliser une dépense.

Pour atteindre ce but, une stratégie de conception peut être déclinée sous la forme de sept principes :

Premièrement, le bâtiment doit être le plus compact et le plus profond possible afin d'optimiser le ratio façade / volume global fermé. On obtient ainsi une base économique efficace qui va permettre de réaliser tout le reste.

Deuxièmement, le bâtiment doit être conçu autant que possible sur la base d'une production rationalisée et standardisée afin d'économiser au mieux le coût de la construction ; à tel point qu'il s'agirait presque de construire un bâtiment d'une simplicité enfantine et de réduire ainsi au minimum les erreurs sur le chantier. Ceci sous-entend également que la partition des appartements, la trame structurelle et la logique de son expression en façade forment une entité synthétique. Les logiques architecturale et technique coïncident presque complètement.

Troisièmement, la façade doit être composée d'un maximum d'ouvertures à la limite des possibilités budgétaires et des demandes en performances énergétiques. La façade ouverte assure la base de la qualité spatiale des appartements. L'organisation de la façade avec par exemple de grandes portes coulissantes introduit également un degré de grandeur d'autant plus nécessaire pour les villas urbaines qu'il faut compenser une hauteur sous plafond qui se limite généralement à 2,6 m et des unités de surface variant entre 50 et 100 m^2.

First, the buildings have to be designed to be as compact and deep as possible to optimize the ratio between façade and enclosed volume. This creates the efficient economic basis that permits all the rest.

Second, the building has to be conceived on the basis of serial production and standardization if possible, so as to best economize the entire construction and make the building nearly "idiot-proof" due to the ever-present risk of mistakes during construction. That also means that partitioning into apartments, structural logic, and the expression of the façade form a synthetic entity. Architectural logic and technical logic coincide nearly completely.

Third, the façade is set up with as many windows as possible, up to the limits of the budget and demands on energy performance. The open façade assures the basis of the spatial quality of the apartments. The setup of the façade with, for example, large sliding doors also introduces a degree of grandeur that is necessary, especially for the new urban villa to counterbalance its limited free height generally of about 2.6 meters and its limited unit size of approximately 50–100 m^2.

Fourth, an all-sided character with an equal and generous façade feature—at its best, all glass—assures a classicist beauty of the outside comparable to that of renaissance palaces, such as for instance the Palazzo Farnese. An all-sided façade also limits details and thus the risk of failures during construction.

Fifth, the apartments are set up to be as generous and flexible as possible so as to give them a loft-like openness and also to allow changes in the future. Units can be combined or divided and thus anticipate an unknown future, which is one of the biggest contributions to sustainability.

Sixth, all apartments should have a generous outside space, either as a balcony, a roof terrace, a loggia, or a winter garden. This outside space should be big enough to allow urban apartments to be a real alternative to suburban housing with gardens.

Seventh, spatial features such as an atrium or a common courtyard assure a collective dimension and social interaction.

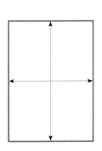

Compact volume
Volume compact

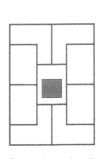

Panoramic apartment
Appartements panoramiques

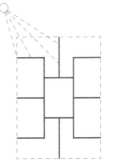

Glass façade
Façades vitrées

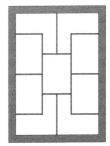

Outside spaces
Espaces extérieurs

Economic strategy scheme
Schéma de la stratégie économique

Modern living standard: kitchen and dining row houses in Amsterdam-Osdorp / Des standards modernes : cuisine et salle à manger de maisons mitoyennes, Amsterdam-Osdorp

Quatrièmement, le bâtiment doit véhiculer une image universelle, avec des façades généreuses et égales sur tous les côtés, dans le meilleur des cas entièrement en verre. Il peut ainsi réverbérer une beauté classique extérieure comparable aux palaces de la Renaissance, par exemple le Palais Farnèse. De surcroît, les façades standardisées et similaires permettent aussi de limiter les détails et donc d'éviter les bavures lors du chantier.

Cinquièmement, les appartements doivent être organisés de manière aussi généreuse et flexible que possible pour offrir un espace qui se rapproche du loft et laisse ainsi la possibilité d'opérer des changements dans l'avenir. Les unités peuvent être combinées ou divisées et par conséquent anticiper l'avenir, ce qui représente une immense contribution pour le développement durable.

Sixièmement, tous les appartements doivent avoir un espace extérieur généreux : balcon, toiture terrasse, loggia ou jardin d'hiver. Cet espace extérieur doit être suffisamment grand pour permettre à l'appartement urbain d'être une véritable alternative au pavillon de banlieue avec jardin.

Septièmement, les options telles que les atriums ou une cour commune assurent une dimension collective et une interaction sociale.

OBJECTIVATION

Durant la dernière décennie, l'Atelier Kempe Thill a de plus en plus été sollicité pour des projets de logements similaires dans sept pays différents : Pays-Bas, Allemagne, Belgique, France, Autriche, Suisse et Luxembourg. Cette situation a permis d'établir une objectivation systématique de la villa urbaine à l'échelle européenne.

Tous les projets sont des interprétations de typologies qui suivent la stratégie décrite précédemment.

Le plan de base est combiné à différents types de façades suivant le budget et le contexte culturel. On peut trouver des façades avec seulement de grandes fenêtres, des balcons filants tout autour du bâtiment ou — si le budget l'autorise — une façade en verre isolant et des jardins d'hiver.

Quatre projets de ce type sont présentés dans cet ouvrage, chacun venant d'un pays européen différent. Trois d'entre eux sont déjà construits, tandis que le quatrième le sera bientôt. Même si ces quatre projets sont relativement petits, chacun représente, à notre avis, le maximum qu'on puisse obtenir dans son contexte culturel. Ces découvertes typologiques marquent en ce sens de manière assez intéressante la fin d'un développement qui est moderniste dans son essence. Il est difficile d'imaginer comment on peut

OBJECTIFICATION

During the last decade, Atelier Kempe Thill has been increasingly commissioned for quite comparable housing projects in seven different countries: the Netherlands, Germany, Belgium, France, Austria, Switzerland, and Luxembourg. This situation makes it possible to work systematically on an objectification of the new urban villa on the European level. All of the projects are interpretations of this typology, following the strategy described above. The basic plan is then combined with several types of façades, depending on budgets and cultural contexts: there can be a façade with large windows only, there can be additional balconies all the way around, or—if the budget allows—even an insulating glass façade and additional winter gardens all around.

Four of these projects are presented in this book, each one from a different Western European country. Three of the projects have been built, and the fourth will be built soon. Although they are only four relatively small projects, each one demonstrates from our point of view the maximum that can be reached in its cultural context. In that sense, they all represent ultimate examples of the new urban villa, each for its own context. These typological discoveries thus mark, interestingly enough, an—in its essence modernistic—end point of a development. It is hard to imagine how to improve these typologies within the constrained budgets or find variations that really represent differences and not only variations based on superficial decoration. This objectivity is what we want to discuss in a broader cultural context. This objectivity has the potential of a *general architecture* that is nowadays needed more than ever in order to come back to a stronger coherence between architecture and the city. This coherence is in turn needed to redefine a common language of European architecture.

MODERN LIVING AS STANDARD AND LOCAL VARIATIONS

Especially the issue of living is very sensitive when it comes to these questions. People project a lot of aspects about the way they would like to live, how their living spaces should be, how the building should look wherein they live, and so forth. Next to an omnipresent neo-conservatism that leads in several countries to phenomena such as new urbanism, in the big European cities there is nevertheless a strong will to be modern, to be orientated toward the future, et cetera. What people mean by that, however, may very much differ. Nonetheless, one can state that modernism in its essence promotes mass production, light and spacious apartments within flexible and neutral plans, and this has become a common good in Western Europe. The idea to offer a loft for everybody is inspiring in all European countries.

The concept of enlarging the inner space of an apartment toward the outside is one of the core themes of modernism. Mies van der Rohe introduced the idea of universal space—for villas and then in stacked apartment buildings for rent. The current general welfare of the twenty-first century in Western Europe and the ongoing modernization should make it possible to absolutely democratize this idea, making it accessible to everybody as a universal life quality. Just as firms like Ikea make it possible to provide the masses with

Row houses, Amsterdam-Osdorp (NL)
Maisons mitoyennes, Amsterdam-Osdorp (NL)

HipHouse Zwolle (NL)

Apartment building, The Hague (NL)
Immeuble résidentiel, La Haye (NL)

Three key projects in the Netherlands
Trois projets clés aux Pays-Bas

economically feasible furniture for everybody, cheap and good social housing should be achievable for everybody. The Bauhaus in the 1920s and 1930s dreamed of it with Mies's vision of flexible housing architecture based on the idea of universal space, and this becomes true in the twenty-first century in the Ikea loft.

The banality of the contemporary architecture of (postmodern) housing does not allow any real spatial compositional concept. Space is secondary, and flexibility with equal floor heights, no matter how wide or deep the spaces are, is primary. The architects have lost their grip on the interior spaces because of demographic changes and economic circumstances.

Spatial quality is only possible through the relation between interior and façade, and only when the façade is consequently defined as an interface between the inside and the outside. In fact, the façade only has potential when it enlarges the space visually toward the outside. This means that, per definition, it needs large windows or even full glass façades. Still, people in various European cultures react differently to this issue, which also means a certain loss of control on the interior and more exposure to the outside. This issue will be discussed within the four examples in this book.

SUBURBAN URBANISM

One of the reasons that explains the unstoppable success of the new urban villa is the shift back to urban forms of living after a decade of political and economical promotion of suburban life. The rediscovery of the city as an attractive living environment has steadily increased since the 1990s. Several aspects, such as the increasing cost of fuel, have made living in suburbs or even villages less and less feasible and has caused the value of homes in these places to decrease. Moreover, the decreasing income of the European population along with demographic and social changes, such as the increasing number of single households and divorced families, has led toward this phenomenon.

The dream of life in the suburbs arises from the wish to be closer to nature, living under less dense, less stressful spatial conditions. Despite the fact that the dream of such a life is often found in sometimes ridiculously reduced forms, it still has had an impact on the conscious and subconscious desires of society as a whole.

The new urban villa represents the typology that integrates the "suburban experience" at its best in a dense urban typology. The looseness of urban villas in the master-plan setting, as well as in the frequently applied large balconies or winter gardens, can be seen as a "translation" of the suburban experience into urban living that becomes an important part of a constantly rising reality.

DEMOCRACY

One unifying aspect between all Western European countries seems to be the ongoing and seemingly never-ending "superposition of rules" as a negative effect of the current (mis-)understanding of democracy. Architecture of housing in Western Europe has already reached the status of "objectivity." It is only possible to propose concepts that

améliorer ces typologies avec un budget restreint, ou comment trouver des modulations qui puissent représenter un changement qui ne soit pas seulement une variation superficielle décorative. C'est de cette objectivité que nous aimerions parler dans un contexte qui dépasse les frontières. Cette objectivité représente un potentiel pour une architecture générale, dont nous avons aujourd'hui besoin plus que jamais, afin de retrouver une cohérence entre la ville et l'architecture. Cette cohérence est nécessaire pour redéfinir un langage commun pour l'ensemble de l'architecture européenne.

LA VIE MODERNE COMME STANDARD ET SES VARIATIONS LOCALES

La question d'habiter est particulièrement sensible sur ces problématiques. Les gens se projettent beaucoup sur leur manière de vivre, sur comment les espaces à vivre devraient être faits, et sur l'image du bâtiment au sein du quartier. À côté d'un néo-conservatisme dominant dans plusieurs pays, il existe malgré tout une forte volonté des grandes métropoles européennes d'être modernes et de s'inscrire dans le futur. Ce que chaque pays entend par là peut beaucoup varier. Toutefois, il faut noter que le mouvement moderne, dans son essence, promeut la rationalisation et la production de masse d'appartements spacieux et lumineux avec des plans neutres et flexibles, ce qui constitue aujourd'hui un bien commun de l'Europe occidentale.

L'idée d'offrir un loft à chacun stimule tous les pays européens. Le concept d'élargir l'espace intérieur vers l'extérieur est un des enjeux majeurs du mouvement moderne. Mies van der Rohe a ainsi introduit l'idée d'un espace universel aussi bien pour les villas urbaines que pour les immeubles locatifs. Le niveau de vie du XXIe siècle et la modernisation permanente devraient permettre de démocratiser cette idée et la rendre accessible à tout un chacun. Certaines entreprises comme Ikea ont réussi à fournir des meubles abordables pour tous et il devrait en être de même pour un logement social bon marché et de bonne qualité — Un rêve déjà exprimé par les protagonistes du Bauhaus dès les années 1920 et 1930.

La vision de Mies van der Rohe pour un logement flexible fondé sur la théorie d'un espace universel devrait être une réalité du XXIe siècle avec le « loft Ikea ».

La banalité du logement (post-moderne) dans l'architecture contemporaine ne permet pas véritablement de créer un nouveau concept de composition spatiale. L'espace est secondaire, la flexibilité est restreinte avec des hauteurs sous plafond identiques quelles que soient l'épaisseur ou la profondeur des espaces. Le souci de l'espace intérieur a complètement disparu face aux changements démographiques et aux circonstances économiques. Néanmoins, la qualité spatiale n'est possible que dans la relation entre les espaces intérieurs et la façade, et uniquement si celle-ci se définit comme l'interface entre l'intérieur et l'extérieur. En effet, la façade n'a du potentiel que si elle agrandit visuellement l'espace vers l'extérieur. Par définition, elle nécessite donc de grandes fenêtres ou même des façades entièrement vitrées. On notera toutefois que les gens réagissent de manière différente selon les diverses cultures européennes, ce qui implique une certaine perte de contrôle sur les espaces intérieurs et plus d'exposition sur l'extérieur. Nous traiterons de cette problématique au travers des quatre exemples de ce livre.

L'URBANISME SUBURBAIN

Une des explications du succès incontestable de la villa urbaine tient au regain d'intérêt pour les habitats urbains après une décennie de forte promotion politique et économique pour une vie en banlieue. La redécouverte de la ville comme un environnement attractif n'a cessé d'augmenter depuis les années 1990. Plusieurs facteurs tels que l'augmentation du prix de l'essence ont rendu la vie en banlieue ou même dans un village de moins en moins faisable et ont donc entraîné une dépréciation de la valeur des pavillons de banlieue. De surcroît, la baisse des revenus de la population européenne, alliée aux changements démographiques et sociaux tels que le nombre croissant de divorces et de célibataires, a contribué à renforcer ce phénomène. Le rêve de la vie en banlieue résulte du souhait de vivre plus proche de la nature, dans des conditions moins denses et moins stressantes. Même si l'on retrouve parfois ce rêve sous des formes ridiculement réduites, il a toujours un impact sur la conscience et le subconscient de toute la société.

Suburban pleasures / Les plaisirs de la vie suburbaine
David Hockney, *Portrait of Nick Wilder*, 1966, Acrylic on canvas, 72 × 72"
© David Hockney

really include all rules, which leads to a state of the art where, in some cases, not even the greatest genius is able to find a really good and logical solution for addressing the combination of all the rules. In quite a few cases, architecture can only become bad. It seems simply unavoidable.

Taking away rules—the only way to get out of the dilemma—seems to be nearly impossible because of lobbies, including by the building industry and minorities, and a generally understandable distrust that is prevalent on the free market. There were reasons to add each rule; some potential interest group underlined the necessity and especially the dangers if one were to not do so, and so on. To take the rule away again would simply be considered undemocratic. Around this topic the question arises more and more as to the point of reaching a state of no return. That aspect shows the necessity of a controlling mechanism wherein a committee of people (it should definitely include good architects) would judge the consequences of each new rule and also have the power to make changes with real consequences.

In general, housing architecture in most Western European countries is carried out everywhere on autopilot with the simple combination of rules only.

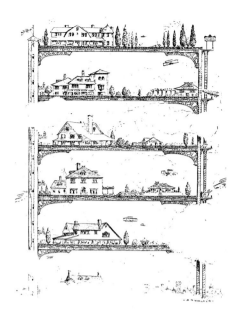

Suburban urbanism, *Life* magazine cartoon by AB Walker, March 1909 / Un urbanisme suburbain, dessin de AB Walker publié dans *Life*, mars 1909

La nouvelle villa urbaine représente la typologie qui intègre au mieux l'expérience suburbaine dans une typologie urbaine dense. La souplesse de la villa urbaine dans le plan urbain ainsi que les grands balcons ou jardins d'hiver traduisent l'expérience suburbaine dans un contexte de vie urbain qui devient de plus en plus incontournable.

DÉMOCRATIE
Une caractéristique qui unit tous les pays d'Europe occidentale semble être la superposition des règles. Il s'agit de l'effet négatif causé par une mauvaise compréhension de la démocratie. L'architecture du logement en Europe a déjà atteint depuis un moment l'objectivité. Il est désormais obligatoire et inévitable de proposer des concepts qui prennent en compte toutes les règles, ce qui amène vers un état de l'art où, dans certains cas, même le plus grand génie est incapable de trouver la solution adéquate qui tiendrait compte de tous les critères. Dans certains cas de figure, cela semble simplement inévitable, l'architecture ne peut qu'être médiocre. Enlever certaines règles — la seule option pour résoudre le dilemme — paraît presque impossible à cause des lobbies industriels et des minorités, deux facteurs auxquels s'ajoute une méfiance générale envers le libre marché. Chaque règle a été rajoutée pour une raison précise, certains groupes d'intérêt potentiel ont souligné la nécessité et spécialement le danger de ne pas continuer ainsi. Ignorer la règle serait tout simplement considéré comme non démocratique. On se demande maintenant jusqu'où on va aller et quand on va atteindre le point de non-retour ?

Ce qui démontre la nécessité d'un mécanisme de contrôle dans lequel un comité de personnes — disons de brillants architectes — jugerait les conséquences de chaque nouvelle règle et aurait le pouvoir de déconseiller certaines choses avec de véritables conséquences. Généralement, dans la plupart des pays d'Europe occidentale, l'architecture de logement est réalisée par des pilotes automatiques qui répondent simplement aux combinaisons des règles.

CRAP CRAFT

Building technology in late capitalism has seemed to reach a new status quo. After World War II, the industrialized building methods became the dominating method for the production of buildings in many Western European countries. Prefabrication, tunnel formwork, and other comparable techniques came to lead in the great production of the postwar housing estates. At the same time, this process made traditional craftsmanship less and less relevant, even making it disappear in countries such as the Netherlands, Germany, and France.

Surprisingly, industrial building technologies have nowadays increasingly become too expensive within the general capitalist conditions, including ever lower costs and, as a result of the economic crises since the 1970s, a continuous decrease in building production and the mobility of cheap unskilled workers from the European peripheries. This has been happening in countries like France or Belgium for a while already, and in the Netherlands there is for instance the question as to how the countries' construction sector will continue to develop considering that it was characterized by a strictly Fordist production logic until 2010. This logic depended on a large scale and continuous production that probably won't continue that way.

It is increasingly more efficient to employ completely unskilled workers from the "European periphery" and developing countries—often illegals—and let them do a substantial part of the work. For example, it seems more and more feasible to do the casting of concrete walls badly and repair manually afterward in a bricolage way. One might think that this is a waste of time and money, but the opposite seems true: it is far cheaper nevertheless. This phenomenon is also to be found in the field of formerly prefabricated timberwork. This kind of new, poor craftsmanship appears increasingly, especially with medium- and large-sized general contractors, who are trying to be able to compete on the market.

The questions that arise from this phenomenon are increasingly defensive in their essence because it is hard to plan in an offensive way: What are the strategies for architecture to avoid bad quality caused by such work? All visible parts of the building should be done in a way that is safe from being messed up by the ever-present danger of dilettantish work.

VARIATION FOR ITS OWN SAKE

Another important unifying aspect between several Western European countries is the wish for variation between different architectures. Since the early 1990s, the objective here has no longer involved variation within a certain theme, but rather the addition of apparently completely independent singularities.

Due to the neoliberal political climate, in combination with a direct commercial interest in selling different housing products, one is obviously confronted with a "Fetishism of commodities," as Karl Marx called it in *Capital.* Differences are made to seduce customers to buy or rent products—in this case, houses. The amazing thing here is that in most

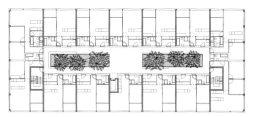

Neue Vahr Housing, Bremen / Brême (DE)

Bouwjong, Groningen (NL)

Tenever, Bremen / Brême (DE)

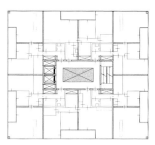

Geuzenveld Tower, Amsterdam (NL)

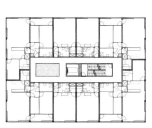

HipHouse Zwolle (NL)

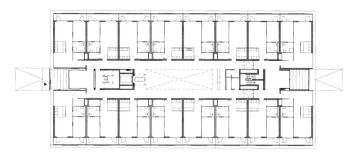

Elderly housing / Résidence pour personnes âgées, Heist-op-den-Berg (BE)

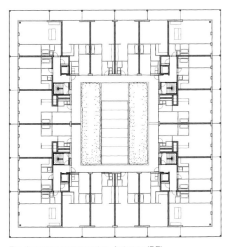

Foodcourt appartementen, Antwerp (BE)

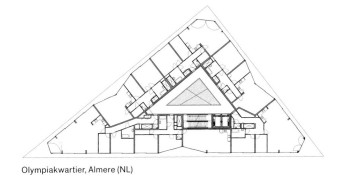

Schiebroek housing, Rotterdam (NL)

Olympiakwartier, Almere (NL)

Montmartre, Paris (FR)

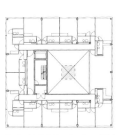

Junky Hotel, Amsterdam (NL)

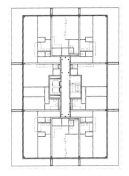

Herkenrode, Hasselt (BE)

0   20

UN ARTISANAT BRICOLÉ

Dans le contexte du capitalisme, la technologie dans le secteur du bâtiment semble atteindre un nouveau statu quo. Après la Seconde Guerre mondiale, dans le contexte de la reconstruction, les techniques de construction industrialisées (préfabrication, coffrage tunnel, etc.) sont devenues la principale méthode de production dans de nombreux pays d'Europe occidentale. Parallèlement, ces procédés ont rendu l'artisanat traditionnel de moins en moins pertinent et l'ont même fait disparaître dans certains pays comme les Pays-Bas, l'Allemagne ou la France.

Curieusement, l'industrie des technologies constructives est aujourd'hui de plus en plus coûteuse à cause des conditions capitalistes qui n'ont cessé de dévaloriser les prix, en plus de la crise économique des années 1970. Ce qui a engendré une production de bâtiments invariablement décroissante et la mobilité de travailleurs bon marché, non qualifiés, venant des périphéries européennes. C'est un phénomène qui est ancré par exemple en France et en Belgique depuis un petit moment. En ce qui concerne les Pays-Bas, on se demande comment le secteur du bâtiment va évoluer étant donné qu'il se caractérisait essentiellement par une logique de production « fordienne » jusqu'en 2010. Cette logique dépendait d'une production continue à grande échelle qui ne va certainement pas continuer de cette manière. En effet, il est de plus en plus intéressant d'employer des travailleurs absolument non qualifiés des pays de la périphérie européenne et du tiers-monde, souvent illégaux, et leur laisser faire une part considérable du travail. De la même manière il semble de plus en plus efficace de mal réaliser le moulage en béton pour ensuite l'arranger en bricolant. On pourrait croire qu'il s'agit d'une perte de temps et d'argent, mais le contraire semble se vérifier et est quoiqu'il arrive beaucoup moins cher. On retrouve aussi ce phénomène dans le domaine de la menuiserie préfabriquée. Ce nouveau genre de mauvais artisanat arrive de manière grandissante à s'installer et à rivaliser dans le marché, tout particulièrement chez les grands et moyens entrepreneurs.

Les questions soulevées par ce phénomène se retranchent de plus en plus dans un rapport défensif puisqu'elles sont par nature difficiles à aborder de manière offensive : quelles stratégies peut-on employer en architecture afin d'éviter un ouvrage de piètre qualité ? Toutes les parties visibles du bâtiment devraient être réalisées de manière à éviter un sabotage dû à la malveillance d'un travail dilettante.

DES VARIATIONS JUSTE POUR LA FORME

Un autre aspect important qui uni plusieurs pays d'Europe occidentale est la volonté de créer de la variété entre différentes architectures. L'objectif ici depuis le début des années 1990 n'est pas véritablement de varier un certain thème, mais plutôt d'accumuler des singularités entièrement indépendantes.

Le climat politique néolibéral, associé à des intérêts commerciaux directs pour vendre différents produits de logement, nous confronte naturellement à ce que Karl Marx a nommé le « caractère fétichiste de la marchandise » (*Das Kapital*, tome I, l, premier chapitre, pages 49 à 98). Les différences sont conçues de manière à séduire les clients pour vendre ou louer des produits, c'est-à-dire des logements pour ce qui nous intéresse. Ce qui est frappant ici, c'est que dans la plupart des cas il n'y a pas de véritable différence derrière les façades qui paraissent divergentes. En réalité, derrière la variation extérieure se trouve très souvent la même logique. Très rarement l'architecture montre la vérité sur sa typologie et il est par conséquent impossible de trouver une cohérence à l'échelle urbaine. Chaque bâtiment est isolé sur lui-même, il n'existe plus aucune dimension collective et on ne produit donc pas de véritable place publique, sans parler de la grandeur, un caractère qu'on retrouve dans certains quartier construits au XIXe siècle.

Un des aspects qu'offre l'architecture de l'Atelier Kempe Thill est une approche qui veut rendre possible une synthèse entre l'architecture et la ville. Cette synthèse se fait par le biais de bâtiments conçus avec des « qualités objectives » exprimées de manière directe et non camouflée. Ce qui implique de construire des espaces urbains et non pas seulement de rajouter des éléments flottants dans ce que Rem Koolhaas a nommé le *junk space*. La *Gestaltung* devrait se baser sur le désir de corréler l'espace intérieur et extérieur d'une manière logique, cohérente et en accord avec les réels besoins de notre époque : créer l'espace public vital avec des bâtiments qui rajoutent une réelle valeur qualitative afin qu'il soit ancré dans la ville.

cases there are no real differences behind the seemingly different façades. In reality, behind the outside variation one can find in many cases the same logic.

Very rarely, the architecture shows neither the truth of the typology, nor any collective coherence on the urban level. Each building is isolated in and of itself; there is no collective dimension and therefore also no real public space anymore, let alone a grandeur as reached, for instance, in parts of the cities built in the nineteenth century.

One of the aspects of the architecture proposed by Atelier Kempe Thill would be to offer an approach that could make it possible again to find a synthesis between architecture and the city, simply by buildings that are conceived by "objective qualities" and that express them in a direct and non-camouflaged way. This ultimately also means building urban spaces and not simply adding up objects floating in what Rem Koolhaas has called "junkspace." *Gestaltung* should be based on the desire to correlate interior and exterior in a logical and coherent way according to the real needs of our time, to create a vital public space by buildings that add real quality to the way they are anchored in the city.

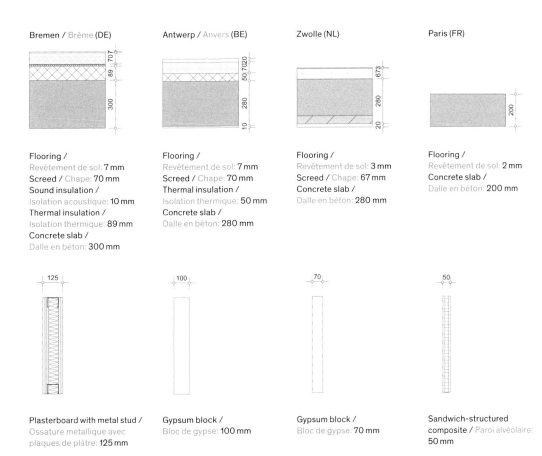

Bremen / Brême (DE)

Flooring /
Revêtement de sol: **7 mm**
Screed / Chape: **70 mm**
Sound insulation /
Isolation acoustique: **10 mm**
Thermal insulation /
Isolation thermique: **89 mm**
Concrete slab /
Dalle en béton: **300 mm**

Antwerp / Anvers (BE)

Flooring /
Revêtement de sol: **7 mm**
Screed / Chape: **70 mm**
Thermal insulation /
Isolation thermique: **50 mm**
Concrete slab /
Dalle en béton: **280 mm**

Zwolle (NL)

Flooring /
Revêtement de sol: **3 mm**
Screed / Chape: **67 mm**
Concrete slab /
Dalle en béton: **280 mm**

Paris (FR)

Flooring /
Revêtement de sol: **2 mm**
Concrete slab /
Dalle en béton: **200 mm**

Plasterboard with metal stud /
Ossature metallique avec
plaques de plâtre: **125 mm**

Gypsum block /
Bloc de gypse: **100 mm**

Gypsum block /
Bloc de gypse: **70 mm**

Sandwich-structured
composite / Paroi alvéolaire:
50 mm

Building standards in Germany, Belgium, the Netherlands, and France: floor plates and separation walls between rooms

Normes de construction en Allemagne, en Belgique, aux Pays-Bas et en France : dalles et cloisons entre pièces.

Full glass façade
Façade entièrement vitrée
ca. 450 euros/m²

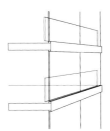

Full glass façade with balcony
Façade vitrée avec balcons
ca. 600 euros/m²

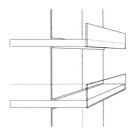

Full glass façade with winter garden
Façade vitrée avec jardins d'hiver
ca. 750 euros/m²

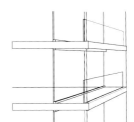

Economic strategy / Stratégie économique

COHÉRENCE ET COLLECTIVITÉ

L'essence de la cohérence actuelle des standards européens semble s'être légitimée dans une conduite commune qui évite les risques. L'architecture du logement européen au XXIᵉ siècle se caractérise par des typologies de taille moyenne. Le standard est d'environ cinquante appartements, une échelle confortable pour tout le monde : les promoteurs, les politiciens, les urbanistes, les sociologues et même les architectes. Les bâtiments sont projetés dans un environnement relativement dense — mais pas trop, non plus — selon le prix local du terrain, etc. On ne produit que des appartements sur un seul niveau, on ne trouve quasiment plus aucune expérimentation, pas même sous la forme de duplex, car elle ne répond pas au besoin des PMR ni, en général, à celui de toute la population européenne, trop âgée. Tout doit être modeste et bon marché. La flexibilité est souvent réduite au scénario très banal dans lequel une chambre peut-être rattachée à un ou deux appartements. Les standards sont presque tous fixés à des appartements de surface minimale, étouffés par toutes sortes de régulations systématiquement appliquées à ces logements trop petits et surchargés.

Même si, à première vue, la nouvelle villa urbaine, dans beaucoup de réalisations actuelles, semble représenter les aspects potentiellement négatifs de l'âge néolibéral, dont l'apothéose de l'individualisme, ce n'est pas une caractéristique inhérente à cette typologie. En effet, la nouvelle villa urbaine peut être conçue de façon à encourager des comportements de vie collective, avec par exemple un atrium au sein même du bâtiment ou des jardins communs entre les bâtiments. Elle ne dépend que de la vision sociale que peut donner l'architecte ou le client.

Quelles sont donc les possibilités pour développer une vision positive dans le futur proposé par toutes ces conditions ? Est-il possible de défendre un nouveau standard européen qui tirerait parti de sa situation interculturelle et de la possibilité ultime d'apprendre l'un de l'autre, même en matière de régulations techniques, ce qui est par ailleurs déjà partiellement le cas avec les normes de l'Eurocode ? Faire valoir une architecture plus générale et plus objective est une des questions fondamentales pour le développement futur des villes européennes. Nous avons la forte conviction que cela marche sur un bon standard européen. Un bon standard est au premier abord certes moins spectaculaire mais gagne de la valeur sur le long terme. Voilà sur quoi repose notre pensée.

COHERENCE AND COLLECTIVITY

The essence of the current European standard seems to be founded primarily in avoiding risks. European housing architecture of the twenty-first century is characterized by medium-sized typologies. Approximately fifty apartments are the standard, a comfortable size for everybody: developers, politicians, urban planners, sociologists, and even architects. Buildings are positioned in a dense setting, but not too dense, depending on local land prices and other factors.

There are only apartments on one floor, there is almost no experimentation anymore, and not even duplexes because they won't cover the needs of people in wheelchairs—or the ultimately hospitalized overaged European citizen in general. All has to be modest and cheap. Flexibility is often reduced to plans where a very banal single bedroom can be part of one or the other apartment. Nearly everywhere, standards are entirely fixed to minimum surfaces, strangled by all kinds of regulations applied to these small apartments, "overloaded" in this way.

Although the new urban villa in many of its current realizations seems at first glance to represent potentially negative aspects of the neoliberal age, such as unlimited individualism, this is not a characteristic that is necessarily inherent to the typology. Also, the new urban villa can be conceived in a way that stimulates collective aspects of living by such means as atria in the building itself or collective gardens between the buildings. It just depends on the social vision of the architects and clients.

Therefore, what are the possibilities for developing a positive vision for the future out of all these conditions? Won't it be possible to strive for a new European standard, to take advantage of the intercultural situation and the ultimate possibility of learning from each other, including technical regulations as is partly happening already with the Eurocode norms?

Striving for a more general, more objective architecture is one of the core questions for the future of European cities, for more coherence, more sustainability, and a general pleasure of life in our cities. We believe that the goal is to work on a good European standard. A good standard is something less spectacular at first glance, but valued all the more in the long term. And that is what this reflection is all about.

HIPHOUSE ZWOLLE (NL)

64 social housing apartments, 2009
64 logements sociaux, 2009

THE RATIONALIST TRADITION OF SOCIAL HOUSING IN THE NETHERLANDS

In 2005, Atelier Kempe Thill negotiated a large commission for planning three lots of apartments in the Trapjeswijk, an area in the city of Zwolle with buildings from the 1960s. The urban plan created by the De Zwarte Hond architecture and urban planning office foresaw the demolishment and rebuilding of the whole area except for some special buildings. Besides Atelier Kempe Thill, four other architectural offices were involved in the new designs. After a complicated process of budgeting and financing, Atelier Kempe Thill's HipHouse was fortunately one of the few projects to actually be realized. For our office, this was a very lucky occasion, because it offered us the opportunity to build a unique prototype that was inspired by nineteenth-century German classicism, especially the Bauakademie in Berlin designed by Karl Friedrich Schinkel, as well as buildings in America by Ludwig Mies van der Rohe and, last but not least, the inspiring Dutch history of rationalist architecture, which in fact brought André Kempe and Oliver Thill to settle in the Netherlands in the late nineties.

In the twentieth century, the Netherlands was one of the most advanced European countries in terms of rationalist architecture in general, and particularly in social housing. Throughout all decades there were remarkable personalities, such as, to name only a few, Brinkman and van der Vlugt, Willem van Tijen, Jan Duiker, Johannes Jacobus Oud, and Mart Stam from the 1910s until the 1940s, van den Broek en Bakema and Hugh Maaskant in the postwar period until the late 1960s, Herman Hertzberger and other Structuralists, Carel Weeber, who was in opposition with them in the 1970s and 1980s, or the early projects by Rem Koolhaas in the 1990s. These architects with their countless works of character show the great continuity of a very particular Dutch rationalist approach.

The rationalist Dutch architecture of housing was always characterized by generous floor plans, especially in social housing. For a long time, priority was given to bigger spaces; it was considered better to save money on materials, finishes, and construction in order to make the houses as large as possible. This

Former buildings in Trapjeswijk (NL)
Anciens bâtiments à Trapjeswijk (NL)

explains that, still today, the Netherlands is one of the best-ranked countries in the world with an average of approximately 51.1 m² of living space per person.[1] This generosity has always gone hand in hand with the pleasure of having large windows. This phenomenon is rooted in the Dutch tradition, where people found themselves forced to make buildings lighter with less stones and more glass in the façades so as to avoid too much load on the foundations due to the poor soil conditions and the necessary long pile foundations. This circumstance, in combination with the curtain taxes of Dutch history—one had to pay a luxury tax for having curtains—and the Calvinist self-understanding that "we have nothing to hide," created a basis for a proto-modernist attitude, long before the actual modernist architects of the 1920s. In fact, one can nearly state that the modernist dogma of "light and sun" has already been normal in the Netherlands since the seventeenth century.

From World War II until the economic crisis of 2010, industrial building methods sped up the production of housing enormously and increased the economic feasibility of spacious apartments with splendid views, while meantime causing the erasure of craftsmanship.

This context, where large apartments with big windows were a quasi-state program, was more than just the fertile breeding ground for the first projects by Atelier Kempe Thill. In fact, the actual aim of the office's projects was to conceptualize this tradition as the core truth of Dutch architecture.

plans généreux. En effet, on donne la priorité à des espaces généreux plutôt que de dépenser de l'argent sur les matériaux, les finitions ou la construction. Cela explique pourquoi aujourd'hui encore, les Pays-Bas sont un des mieux classés au monde avec une surface moyenne de 51,1 m² par personne.

Cette générosité en terme de surfaces est toujours allée de pair avec une prédilection pour les grandes fenêtres. Ce phénomène trouve ses origines dans l'histoire hollandaise. Premièrement, la qualité du sol étant très mauvaise, les pieux des fondations devaient être extrêmement profonds. Il était donc nécessaire de construire léger et de favoriser l'emploi du verre plutôt que de la pierre afin d'éviter une surcharge des fondations. Deuxièmement, il faut savoir que les rideaux étaient jadis considérés comme un signe d'opulence, si bien qu'une maison arborant des rideaux devait acquitter une taxe de luxe. Elle s'explique également par la pensée calviniste selon laquelle « on n'a rien à cacher » si l'on est une personne honnête. Ces trois facteurs réunis ont engendré une attitude proto-moderniste aux Pays-Bas, et cela bien avant les véritables architectes modernes dans les années 1920. On pourrait quasiment affirmer que la doctrine de l'architecture moderne pour la lumière et le soleil était déjà instaurée aux Pays-Bas depuis le XVIIe siècle.

Entre la Seconde Guerre mondiale et la crise économique de 2010, les méthodes de construction industrielles n'ont cessé d'accélérer la production du logement et ont fait accroître la viabilité économique des grands appartements pourvus de belles vues mais, d'un autre côté, elles ont presque totalement fait disparaître l'artisanat. Ce contexte dans lequel les appartements spacieux dotés de grandes fenêtres sont quasiment devenus un programme d'état n'a pas seulement été le terreau fertile des premiers projets de l'Atelier Kempe Thill ; il représente l'ambition ultime de l'agence qui est de conceptualiser et traduire cette tradition dans ses projets en tant qu'élément fondateur de l'architecture hollandaise.

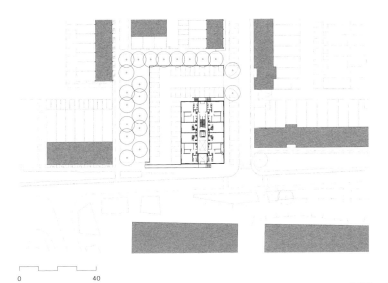

0   40

Aerial photograph of Trapjeswijk (NL)
Photo aérienne de Trapjeswijk (NL)

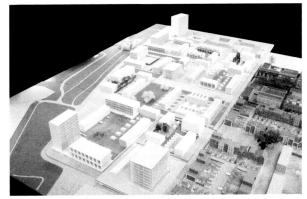

New master plan for Trapjeswijk (NL)
Nouveau plan masse,Trapjeswijk (NL)

PANORAMIC APARTMENTS AROUND AN ATRIUM

For Atelier Kempe Thill, the HipHouse is the first realized apartment building in the setup of a new urban villa. The economic concept of the project has the ambition to find a strategy to offer a better quality of housing, within a tight budget that at first glance does not seem to allow that. The ambition is to offer an economically relevant alternative to the apartment buildings with gallery access, to emancipate social housing, and to make the loft not only possible for wealthy elites, but also for rental units in public housing.

To achieve this ambition, the apartments are organized around a compact access core with a collective atrium that allows the inhabitants to socialize. The ratio between floor plan and the façade surface necessary to enclose the building is nearly the minimum possible, thus creating a positive impact on the efficient use of the construction budget: the budget per square meter of façade is increased to the maximum in this way, making it feasible to use better construction materials.

The bigger apartments have double orientation due to their position in the corners. Each of the smaller studios faces either to the east or the west, so that all of the apartments receive optimal sunlight.

Floor-to-ceiling glass grants to the apartments a look of landscape plateaus and creates a counterweight to the compact space. The natural surroundings become part of the interior, expanding it toward the outside. Rain, sunshine, clouds, wind, and greenery determine the indoor atmosphere. This effect is heightened when the large sliding doors are open, and the room is transformed into an airy terrace. Gone is the traditional confined feeling of public housing. A maximum of space is made possible with minimal means.

Organizing the apartments along the volume edges made it possible to add a central atrium to the building without increasing costs. This approximately 24-meter-high space, which receives sunlight through the roof, is entered through a 5.4-meter-high entrance hall.

Due to the small budget, the atrium was designed with a strictly "bare bones" aesthetic. The concrete

DES APPARTEMENTS AVEC VUE PANORAMIQUE AUTOUR D'UN ATRIUM

La HipHouse est pour l'Atelier Kempe Thill le premier immeuble de logements réalisé sur le modèle de la nouvelle villa urbaine. Le concept économique a pour but de trouver la meilleure stratégie afin d'offrir un logement de bonne qualité avec un budget restreint qui, à première vue, ne le permet pas. L'idée est d'émanciper le logement social en offrant une alternative économiquement viable aux immeubles avec une distribution par coursives. Il s'agit de démocratiser le loft, afin qu'il ne soit plus réservé à une certaine élite mais qu'il fasse partie intégrante de l'offre en matière de logement social.

Pour concrétiser cette ambition, les appartements sont organisés autour d'un noyau de distribution compact avec un atrium collectif qui permet de créer un espace dédié à la rencontre entre les habitants. Le rapport entre la surface du plan et la surface de la façade nécessaire pour l'enveloppe du bâtiment est réduit au minimum afin de créer un impact positif avec une utilisation efficace du budget. Le budget par mètre carré de façade est ainsi augmenté au maximum afin d'utiliser des meilleurs matériaux de construction. Les grands appartements sont pourvus d'une double orientation puisqu'ils se trouvent dans les angles. Les deux plus petits studios se font face vers l'est et l'ouest. Ainsi, tous les appartements reçoivent un ensoleillement optimal.

Le vitrage du sol au plafond donne la sensation d'être comme sur un plateau donnant sur un paysage, créant ainsi un contrepoids à la typologie très compacte. Le cadre naturel devient partie intégrante de l'espace intérieur et repousse les limites vers l'extérieur. La pluie, le soleil, les nuages, le vent et la végétation déterminent l'atmosphère intérieure. Cet effet est accru lorsque les grandes baies vitrées sont ouvertes, la pièce se transforme alors en grande terrasse aérée. Le sentiment de confinement propre aux logements sociaux disparaît. On crée un maximum d'espace avec un minimum de moyens.

L'organisation des appartements autour des rebords du volume a permis l'ajout d'un atrium central à l'intérieur du bâtiment sans augmenter les coûts. On pénètre à travers une entrée de 5,40 m de haut qui

Fifty apartments, Rotterdam-Schiebroek (NL)
Cinquante appartements à Rotterdam-Schiebroek (NL)

Bouwjong student apartments, Groningen (NL)
Foyer d'étudiants Bouwjong à Groningen (NL)

walls were not plastered, and the ceilings were covered in acoustic spray plaster. Railings were simply galvanized and plain industrial lamps were attached directly to the walls. Thanks to its generous size, the atrium becomes a space for residents to socialize, while the collective dimension of the renters is adequately expressed.

The project has key importance for Atelier Kempe Thill, almost as the ideal type for a multistory housing project to make a strong and unmistakable counterstatement to economically squeezed public housing. It is the result of evolutionary systematic research along previous projects, which stayed studies such as the project in Rotterdam Schiebroek, and the predecessor of following projects such as the Towers in Almere or in Groningen, or the projects in Bremen, Paris, and Antwerp-Nieuw Zuid that are discussed in this book. Comparing the HipHouse to these three other projects, we find the ultimate combination of a generous collective atrium, loft-like apartments with full glazed façades, and a generosity in floor plans that easily allows the integration of rules for handicapped people—a combination unattained in the three others.

donne sur un grand espace avec éclairage zénithal avoisinant les 24 m de haut.

En raison du budget très restreint, l'atrium a été conçu avec une esthétique très épurée. Les murs en béton n'ont pas été enduits, les plafonds sont recouverts avec du plâtre acoustique à pulvériser, les rampes sont galvanisées et les luminaires sont des lampes industrielles directement fixées aux murs. Grâce à sa grande surface, l'atrium devient un lieu de rencontre pour les habitants. On exprime ainsi de manière adéquate la dimension collective de ces logements.

C'est un projet clef pour l'Atelier Kempe Thill car il incarne le manifeste parfait contre les a priori défavorables aux logements sociaux à petit budget. Il est le résultat d'une recherche évolutive systématique. Il hérite donc des projets précédents, notamment celui de Schiebroek à Rotterdam qui n'a jamais été réalisé. Il est aussi précurseur des projets suivants, tels que les tours d'Almere et Groningen, les projets à Brême, Paris et Anvers-Nieuw Zuid qui seront ultérieurement abordés dans ce livre. La HipHouse est le projet le plus abouti des trois études de cas présentées. En la comparant aux trois autres projets, elle représente l'ultime combinaison des caractéristiques de la villa urbaine avec un grand atrium collectif, des appartements dans le style du loft avec des façades entièrement vitrées et des plans généreux qui par ailleurs permettent d'intégrer plus facilement les règles PMR.

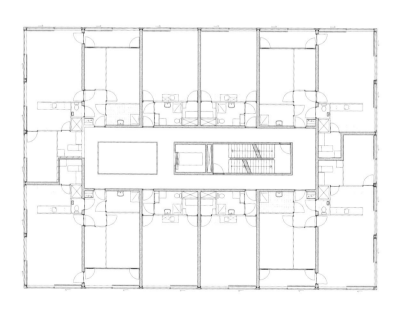

CALVINISM AND GENEROSITY

The HipHouse project in fact shows that the Netherlands offered very good, maybe even the best, conditions for social-housing architecture in Europe from the 1990s to the the first decade of the twenty-first century. The Dutch Calvinism produced a context with particular ambiguity: on the one hand, a squeezing, merciless capitalist attitude developed to economize everything in life, and on the other hand, there is a strongly rooted generosity when it comes to floor plans and space.

 Certain rules are important to understand in this context. There is a clear distinction between "hardware"—the so-called casco or the structural basis—and "software"—all the infill between the structural walls in an apartment. The casco is the most important part, the basis of the house, while the infill is secondary and can always be replaced if so desired.

 In that sense, an idea of interior doesn't exist in these projects. Kitchen furniture for instance, even in more expensive housing, is the absolute minimum economically. Clients consider that future inhabitants will buy a better kitchen themselves if they prefer. Also, wallpaper and floor finishing are regarded in the same manner and simply left away. Doing more than the minimum in terms of initial investment is seen as a waste.

 Materials are used in a direct way, with cladding and decoration avoided as much as possible. For example, balconies are made out of simple concrete slabs without any additional coverage, and so forth. But everybody agrees on the importance of making big windows, and there's also an openness to investing more money in this.

 This principal view of apartments is rooted in the trading and seafaring mentality of the Dutch, where practical aspects always prevail. For instance, houses are judged according to their cubic meters of volume in the same way as ships are judged according to their cargo capacity. In fact, the house is seen as not much more than a simple empty box.

 The spatial setup of the apartments seems logically developed directly out of this basis: there is the *doorzonwoning* that traverses the entire building or the panoramic apartment, developed along one façade. This is a specifically Dutch idea of apartment typology,

different from apartment plans in other countries, such as for instance the *enfilade* in France or the *enfilade diagonale* in Switzerland. Each form of too specific composition is avoided; the priority lies in the good dimensioning of the main spaces within the house and that of the collective access zone.

In that sense, the plans may be regarded as a bit technocratic in their totality. Poetry lies, then, in the contemplative character of the main spaces with the big windows toward the outside.

développe le long d'une façade. Cette typologie typiquement hollandaise se distingue des plans d'autres pays européens tels que l'appartement en enfilade à la française ou l'enfilade en diagonale suisse. Toute forme de composition trop spécifique est évitée, la priorité étant accordée au bon dimensionnement des pièces principales et des espaces collectifs. En ce sens, on peut considérer que les plans sont un peu technocratiques dans l'ensemble. La poésie se trouve dans l'aspect contemplatif des espaces principaux avec leurs grandes fenêtres tournées vers l'extérieur.

THE FAÇADE AS EXPRESSION OF STRUCTURE

The façade is made of highly performing insulating glass with anodized aluminum profiles. This makes the shell of the building either reflective or transparent, depending on the angle at which it is seen, while large sliding doors make the structure seem generously open.

On the whole, the exterior of the building has a delicate visual balance. The logical structure of the windows and the construction behind them create a strict architectural order that is counterbalanced by a spontaneous collage of colorful equipment and appliances in the apartments. This leads to a vital, optimistic image, which makes it possible to envision the complexity of life and communicates intensively with the rest of the neighborhood. This image is both collective and individual, since the individual residents actively participate in its creation, either consciously or unconsciously. Thus, the "building in use" becomes its own façade, the expression of all the "theaters of life" that are without any hesitation exposed to the public outside.

The project demonstrates that it is still possible to achieve, under contemporary conditions, a regular and

LA FAÇADE EN TANT QU'EXPRESSION DE LA STRUCTURE

La façade est constituée d'un verre isolant très performant avec des profilés en aluminium anodisés. Elle donne à l'enveloppe un aspect tantôt transparent, tantôt réfléchissant suivant l'angle de vision, tandis que les portes coulissantes confèrent à la structure un aspect très ouvert.

Dans l'ensemble, l'extérieur du bâtiment dégage une harmonie visuelle délicate. La composition logique des fenêtres et la structure de la construction créent un ordre architectural strict dans son ensemble, adouci par le collage spontané d'équipements et d'appareils colorés. Elle dégage ainsi une image optimiste vitale qui permet d'imaginer la complexité de la vie et s'intègre avec son voisinage. L'image est à la fois collective et individuelle, puisque les habitants participent activement, soit de manière consciente, soit de manière inconsciente, à la création de son image. La façade prend vie lorsque le bâtiment est utilisé, elle est constituée par elle-même, par ses habitants, et exprime le théâtre de la vie qui est mise en scène sans retenue et publiquement.

Le projet démontre qu'il est toujours possible aujourd'hui, même dans les conditions contemporaines

rationalist architecture that is a synthesis of structure, windows, and apartment partitioning—an architecture of "skin and bones." There is no trick, no cheating graphics on the façade, no camouflage, just a direct and honest expression of structural truths. Technical and architectural logic nearly fully coincide. This was only possible under the condition of a certain generosity of floor plans that allows an equalization of grid-line dimensions between the different types of rooms, but also the Dutch rules for energy performance that permitted such a high percentage of glass in the façade. Again, compared to other countries, the Dutch fire department is very flexible, for instance they accept dynamic simulations of how the fire really behaves instead of inflexible archaic rules such as keeping 1 meter of fireproof closed façade between the windows of different neighbors.

Even challenging contemporary rules for handicapped persons that are deforming and violating floor plans in other countries could easily be integrated and the plans still keep their simplicity. Architecture can still stay autonomous and independent and does not become the straightforward outcome of these kinds of rules.

1   Source: BAG / CBS, https://www.cbs.nl/nl-nl/visualisaties/bevolkingsteller (accessed September 2016).

du projet, de créer une architecture rationnelle qui soit une synthèse de sa structure, de ses fenêtres et de la partition des appartements – une architecture « de squelette et de peau ». Il n'y a pas de tricherie, pas de dessin trompeur sur la façade, pas de camouflage. Elle est l'expression honnête de sa structure. Les logiques technique et architecturale coïncident presque totalement. Ceci a été possible uniquement dans certaines conditions : tout d'abord une générosité dans les plans qui a permis d'égaliser les surfaces entre les différents types de pièces, mais aussi grâce aux règles de performance énergétique hollandaises, qui ont permis de créer un aussi grand pourcentage de façade en verre. Encore une fois, lorsqu'on compare aux autres pays européens, les réglementations en terme de sécurité incendie sont beaucoup plus flexibles en Hollande. Par exemple, ils acceptent de faire des simulations dynamiques sur le comportement du feu au lieu d'imposer des règles archaïques tel que d'avoir un mètre de façade aveugle coupe-feu entre les fenêtres ou les différents appartements. Même les très exigeantes règles contemporaines sur les PMR qui déforment les plans dans les autres pays ont pu facilement être intégrées dans ces plans tout en gardant leur simplicité. L'architecture reste autonome et indépendante et ne devient pas la traduction littérale de ce genre de règles abusives.

Façade mock-up
Maquette de la façade échelle 1:1

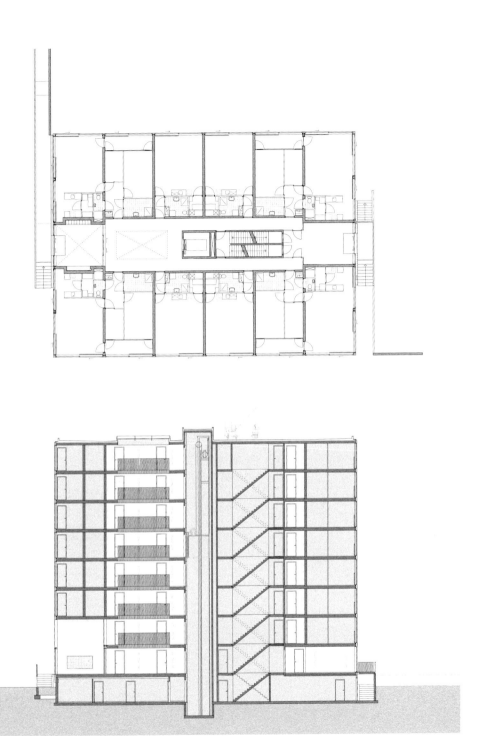

ZWOLLE (NL)

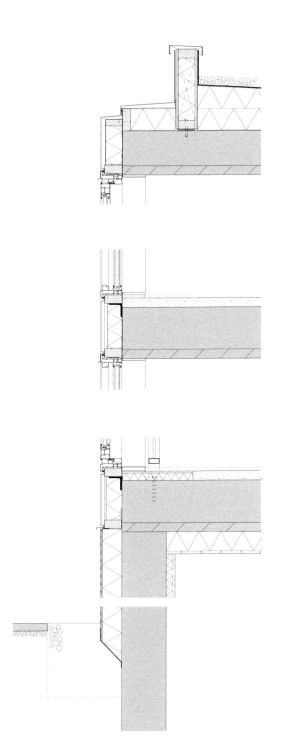
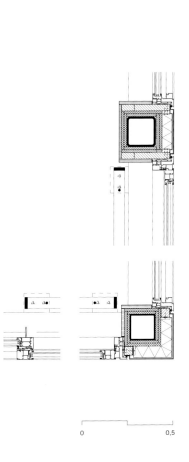

ZWOLLE (NL)

WINTER GARDEN HOUSING ANTWERPEN (BE)

32 apartments for sale, commercial space, and underground parking, 2016

32 appartements en copropriété, espaces commerciaux et parking souterrain, 2016

SEARCH FOR THE FLEMISH APARTMENT BUILDING

À LA RECHERCHE D'UN MODELE D'APPARTEMENT FLAMAND

Belgium is a country with a very specific link to modernism in the twentieth century compared to other countries in Europe. From the postwar period until recently, primarily individual housing was stimulated for political reasons, which created, especially in Flanders, a sheer endless suburb connecting with quite a few of the big cities.

There is such deeply rooted individualism in the Belgian identity that in general they hardly seem to accept more than the absolutely necessary minimum of collectivity. This character also has an impact on urbanism and architecture. Most of the buildings being realized are individual family houses, built independently, and each one designed by architects. The owners themselves even often build the houses, successively, with simple techniques.

Looking at the results, this explicitly non-modernistic conception of building often unfolds unexpected potential and charm just because of the way it happens: out of lively and spontaneous impulses where problems are solved in a spontaneous manner. This phenomenon often leads to results with certain ad hoc elements in Belgian architecture that are often ironically described as "Belgian solutions."

As a specific version of modernism, one can find in Belgian cities high-quality apartment buildings of

La Belgique, comparée à d'autre pays européens, entretient un lien très spécifique avec le modernisme du XXe siècle. De l'après-guerre à aujourd'hui, les maisons individuelles étaient promues pour des raisons politiques, ce qui — particulièrement en Flandres — a créé de grandes banlieues uniformes connectées par-ci par-là à de grandes villes. L'individualisme est si profondément ancré chez les Belges qu'ils ne semblent pas vouloir accepter la moindre chose qui puisse dépasser le très strict minimum en ce qui concerne la collectivité. Ce trait de caractère a aussi un impact sur l'urbanisme et l'architecture. En effet, la plupart des bâtiments réalisés sont des maisons familiales individuelles, construites indépendamment et conçues par un architecte. Il est même courant que les propriétaires construisent eux-mêmes leur maison petit à petit avec des techniques rudimentaires. Lorsqu'on regarde le résultat final de ces maisons conçues d'une manière totalement antimoderne, il dévoile souvent un charme et un potentiel inattendus — Un charme qui découle d'impulsions vives et spontanées et de la résolution de problèmes de manière intuitive. Ce phénomène amène souvent à des résultats qu'on pourrait qualifier d'ad hoc et qu'on appelle de manière ironique les « solutions belges ».

small and medium scale, especially from the 1930s, 1950s, and 1960s. These buildings are positioned one to the other as apparently extruded narrow row houses. This phenomenon again seems like the logical consequence of this individualism; in fact, it generates some kind of individualistic modernism that seems to have little to do with the rationalization and optimization of the entire building-production process as is found in countries like France or the Netherlands.

Since approximately fifteen years, in the bigger Belgian cities, and especially in Antwerp—contrary to the former unlimited suburbanization—a strong and growing urban renaissance has been taking place with a substantial production of new housing projects in large numbers. This new trend is fuelled, among other reasons, by increasing economic pressure on the suburban lifestyle, as it is also largely stimulated by personalities like the former city architect Kristiaan Borret. With enthusiasm and growing success, the city faces the contemporary task of creating attractive answers to collective housing. There are already a few good examples of new large-scale housing projects that could have been realized, such as for instance those by Diener & Diener or David Chipperfield.

Atelier Kempe Thill has already tried, in several other competitions, to develop a specific answer to Flemish collective housing architecture. The commission for Block 1 in Nieuw Zuid offers the unique opportunity to contribute in a substantial way to these fascinating current developments in Flanders.

La version spécifique du modernisme dans les villes belges est de petites maisons très qualitatives, d'échelle moyenne et datant des années 1930, 1950 et 1960. Ces bâtiments sont accolés les uns aux autres, ressemblant ainsi à une série de maisons étroites extrudées. Ce phénomène, qui semble être la conséquence logique de l'individualisme belge, produit une sorte de modernisme individuel sans guère de points communs avec la rationalisation ou l'optimisation du processus de production du bâtiment dans sa totalité tel qu'on le retrouve en France ou aux Pays-Bas.

Depuis une quinzaine d'années, les grandes villes belges, et spécialement Anvers, connaissent une renaissance urbaine avec la production d'un grand nombre de projets de logements s'opposant à la vague de « banlieurisation » sans fin des décennies précédentes. Cette tendance est stimulée par l'augmentation de la pression économique contre la vie en banlieue, ainsi que par le discours de certaines personnalités dont l'ancien maître architecte Kristiaan Boret. La ville affronte avec enthousiasme et un succès grandissant la mission contemporaine qui est de créer des réponses attractives pour le logement collectif. On connaît déjà quelques exemples de nouveaux projets à grande échelle réalisés par des agences d'architectes telles que Diener & Diener ou David Chipperfield. L'Atelier Kempe Thill a par ailleurs déjà essayé à plusieurs reprises de répondre à ce type de concours pour développer une réponse spécifique au logement collectif flamand. La mission pour le bloc 1 à Anvers-Nieuw Zuid a offert l'opportunité unique de contribuer d'une manière substantielle au développement fulgurant de la Flandre.

Competition project housing, Cadixwijk, Antwerp (BE)
Concours pour le projet de logements Cadixwijk à Anvers (BE)

THE FIRST BLOCK IN A NEW CITY QUARTER

The new quarter of Antwerp called Nieuw Zuid is the biggest urban extension, not only for the city of Antwerp but even for Belgium in general. The area is directly attached to the city center in the south next to Richard Rogers's famous Palace of Justice. On the territory of a former train station, the city intends to build approximately 2,000 apartments and 130,000 m² of other programs with a high ambition for architectural and urban quality. The Italian office Secchi Viganò conceived the urban master plan in 2012 on the basis of the so-called "Striga," an ancient Roman urban typology. The Striga represents a medium-sized urban block that is not closed but cut open to reach a balanced mixture between the open spaces of modernist ensembles and the nineteenth-century closed block city.

On the ground floor there are shops and public facilities, so housing basically starts on the second floor. The buildings are a combination of approximately six-story slabs and high-rise towers. The entire development is going to be realized by Triple Living, a leading Belgian company.

The first building complex has very good spatial conditions thanks to its relation to the Scheldt River and an adjacent park. POLO Architects from Antwerp, who were asked to design this project, invited Atelier Kempe Thill in autumn 2012 to design a part of the first block, where, in total, thirty-two apartments with commercial space on the ground floor and two-floor underground parking will be integrated. The intention was to have a fast design and execution process, with the first buildings to be delivered to the new inhabitants by the end of 2015.

For Atelier Kempe Thill, this is an ideal moment to finally have the opportunity to develop and realize their first housing project in Flanders. What kind of housing quality should be offered to the new middle class searching for an apartment? How should a high-quality city extension ultimately look, and how might shops be integrated?

What kind of materializations should be chosen in an area with intensely used public spaces and the Flemish love for stone architecture?

PREMIER BLOC DANS UN NOUVEAU QUARTIER DE LA VILLE

Le nouveau quartier d'Anvers, le Nieuw Zuid, est la plus grande extension urbaine, pas seulement pour la ville d'Anvers mais pour la Belgique en général. La zone est directement rattachée au centre ville via le sud et se trouve juste à coté du célèbre palais de justice de Richard Rogers. En effet, la ville d'Anvers a prévu de construire approximativement deux mille logements et 130 000 mètres carrés de divers autres programmes sur le territoire d'une ancienne gare avec l'ambition d'atteindre une très haute qualité architecturale et urbaine. L'agence italienne de Paola Vigano et Bruno Secchi a conçu le plan masse urbain en 2012 sur le modèle dit *striga*, une ancienne typologie urbaine romaine. Le *striga* est un bloc de taille moyenne qui n'est pas fermé mais au contraire ouvert afin d'obtenir un équilibre entre le mélange d'espaces ouverts des ensembles de l'époque moderne et les blocs fermés du XIXe siècle. Au rez-de-chaussée se trouvent des magasins et des équipements publics, les appartements commençant globalement à partir du premier étage. Les bâtiments sont une combinaison de tours de grande hauteur et de barres d'environ six étages. L'ensemble du développement urbain va être réalisé par Triple Living, un leader de la construction belge.

Le premier complexe de bâtiment est très bien situé grâce à sa relation avec l'Escaut et le parc qui borde le fleuve. En automne 2012, nous avons été invités par les architectes POLO, une firme anversoise mandatée pour concevoir un morceau du premier bloc avec le programme de trente-deux appartements, des espaces commerciaux au rez-de-chaussée et un parking souterrain sur deux niveaux. L'intention était d'avoir une conception et un processus d'exécution rapide afin de livrer les premiers appartements aux habitants à la fin de l'année 2015.

Pour l'Atelier Kempe Thill, ce fut une occasion idéale pour enfin réaliser un premier projet résidentiel sur le territoire flamand. Quelle qualité de logement offrir à la nouvelle classe moyenne ? Au final, à quoi doit ressembler une extension de ville de haute qualité et comment y intégrer des commerces ? Quelle matérialité choisir dans une zone où les espaces publics sont intensément fréquentés et comment satisfaire le goût des Flamands pour la brique ?

Folding ladder for fire escape
Échelle d'incendie pliante

PANORAMIC HOUSING AROUND A CENTRAL CORE

To access the building, two central cores containing stairs and elevators were chosen. Positioning such access cores was at first glance rather difficult, because it had to match the requirements of the parking garage as well as those of the ground floor with shops and storage spaces. Even more importantly, they were to be positioned to access and organize the apartments in the most practical way, so that the floor plans were as flexible and differentiated as possible. Furthermore, achieving the requirements for passive house standards would have triggered enormous, thick façades, which substantially reduces the usable space of the actual apartments. Finally, the building should of course be economical, meaning to set it up as compactly as possible and to use the façade as well as possible for the apartments and to avoid blocking them by access cores. All this had to be solved within the maximum depth of 14 meters stipulated by the master plan.

The partition being realized here can be seen as the most advantageous within the conditions. It allows a constellation of four apartments per floor, accessible by the northern core. This constellation is varied in the southern part. Here there are only three apartments, while at the head façade there is only one apartment profiting from three orientations.

Due to the asymmetric positioning of the core in relation to the width of the building, the east side offers small studios, contrary to the west side where bigger, family-oriented apartments are placed. The apartments can also be unified following the "kangaroo" principle due to the flexible separation walls between them. On the top floor, there is another variation with recessed penthouses. The final result is more or less a traditional system, neutral and modest but still astonishingly able to adapt to the needs of the twenty-first century in terms of variation and flexibility.

UN APPARTEMENT PANORAMIQUE AUTOUR D'UNE DISTRIBUTION CENTRALE

L'accès se fait au cœur du bâtiment grâce à deux systèmes distributifs centraux contenant les escaliers et les ascenseurs. Il fut d'abord très difficile de mettre en place un tel système de circulation car il allait à l'encontre des prescriptions du parking souterrain et du rez-de-chaussée avec ses magasins et ses espaces de stockage. De surcroît, il fallait qu'il soit positionné de manière à organiser les appartements de la façon la plus pratique afin qu'il puisse être flexible et variable au maximum. Atteindre les exigences imposées pour les maisons passives sous-entendait de flanquer des façades très épaisses, ce qui réduit considérablement l'espace utilisable dans les appartements. Finalement, le bâtiment devait bien entendu être économique, et il fallait donc le concevoir de la manière la plus compacte possible tout en créant un maximum de façade et en évitant de les obstruer avec un système distributif. Toutes ces contraintes devaient être prises en compte dans une épaisseur maximum de quatorze mètres donnée par le plan masse.

La partition réalisée ici peut être considérée comme la plus avantageuse dans ces conditions. Elle permet une constellation de quatre appartements par étage, accessibles par le cœur distributif au nord. Au sud, on trouve une variation de cette constellation, avec seulement trois appartements. Au dernier étage, enfin, on trouve un appartement unique profitant d'une triple orientation.

La position asymétrique du cœur distributif, due à l'épaisseur du bâtiment, a créé des petits studios à l'est alors qu'elle offre des appartements plus grands destinés à des familles à l'ouest. Ces appartements peuvent également fusionner selon le principe dit « du kangourou » grâce à la présence de cloisons mobiles. Au dernier étage, on trouve un autre type d'appartement : des maisons de ville placées en retrait de la façade. Le résultat final est un système plus ou moins traditionnel, neutre et modeste mais très adaptable au besoin de variation et de flexibilité du XXIe siècle.

WINTER GARDEN HOUSING

The master plan of Secchi Viganò has one very inspiring idea: each building should offer large outside spaces in strategic positions of the building, giving the possibility to extend the actual building limits up to 3 meters. These outside spaces called "Bigger & Cheaper," inspired by the concepts of the French architects Lacaton & Vassal, can be set up as balconies but also be closed by glass doors to set them up as winter gardens, which should add an unexpected quality to the apartments.

Atelier Kempe Thill literally takes this opportunity by entirely occupying both the east and the west sides of the building with winter gardens. The winter gardens have an average length of 10 meters and a depth of 2.6 meters. In these terms, a 123 m^2 apartment has the additional space of a 60 m^2 winter garden or a 40 m^2 studio combined with a 30 m^2 winter garden. With such generous outside spaces, the apartments can offer a relaxed quality of suburban life in a dense urban environment, which may provide a real alternative to a house with a garden in the suburbs.

The actual insulated part of the building has been conceived according to passive house standards. This part can be seen as the winter part that may be extended in its use by the winter garden functioning as a seasonal buffer space. In this way, each house offers a summer and a winter part that is also inspired by traditional Japanese houses. City inhabitants can live during the warm season outside by opening the sliding doors; in the colder seasons, by closing the sliding doors, they can still use the terraces because they are protected against wind and rain.

The winter gardens that entirely cover the insulated parts of the houses are also reacting to the housing tradition that has been impacted by Catholicism in Belgium—despite their fully glazed façades, the winter gardens offer a buffer to give more privacy, especially to the sleeping rooms.

APPARTEMENT AVEC JARDIN D'HIVER

Le plan masse de Secchi-Vigano développe une idée très inspirante : chaque bâtiment doit offrir des espaces extérieurs généreux sur ses points stratégiques, donnant ainsi la possibilité d'élargir les limites du bâtiment jusqu'à trois mètres. Ce concept d'espaces plus grands et moins chers est inspiré des architectes français Lacaton et Vassal, où les espaces extérieurs peuvent soit avoir la fonction d'un balcon, soit devenir des jardins d'hiver, offrant ainsi une qualité inattendue aux appartements.

L'Atelier Kempe Thill profite de cette opportunité spatiale en invertissant toute la façade est/ouest du bâtiment avec des jardins d'hiver qui occupent une longueur moyenne de dix mètres pour une profondeur de 2,6 mètres. Ainsi, un appartement de 123 mètres carrés dispose d'un espace supplémentaire de soixante mètres carrés grâce au jardin d'hiver, et un studio de quarante mètres carrés d'un jardin d'hiver de trente mètres carrés. Avec des espaces extérieurs aussi généreux, l'appartement offre une qualité de vie relaxante périurbaine dans un environnement urbain très dense, ce qui en fait une véritable alternative au pavillon de banlieue avec jardin.

La partie effectivement isolée du bâtiment est conçue selon les exigences de la maison passive. Elle peut être vue comme la partie hivernale pouvant être agrandie grâce au jardin d'hiver qui fonctionne donc comme un espace tampon saisonnier. Ainsi, l'appartement offre aussi bien un espace pour l'hiver que pour l'été, s'inspirant de l'influence des maisons traditionnelles japonaises. Les occupants peuvent profiter de l'espace extérieur durant les périodes estivales en ouvrant les portes coulissantes ; durant la saison froide, la terrasse peut toujours être utilisée en fermant les portes coulissantes, devenant ainsi un espace protégé du vent et de la pluie. En couvrant toutes les parties isolées des habitations, le jardin d'hiver est aussi une réponse au logement traditionnel belge affecté par le catholicisme : si ces façades entièrement vitrées s'ouvrent vers l'extérieur, le jardin d'hiver peut également devenir un espace tampon pour donner plus d'intimité, notamment aux chambres.

Prefabricated concrete elements
Éléments préfabriqués en béton

CONCRETE, WOOD, AND GLASS

Flemish culture is a very physical culture that is highly influenced by a Burgundian love for the pleasures of life, and where even in the cities one can still feel a certain rural attitude. Solid brick is the typical basic materialization of buildings in Flanders; it's a nearly unavoidable circumstance expressed in the common saying that "every Belgian is born with a brick in his stomach."

Atelier Kempe Thill searched for a form of architectural expression that could, at the same time, create a dialogue between this more traditional view on things and a possibly more modern orientation toward the future. The slightly higher budget as compared to more common circumstances facilitated a very solid materialization in the end, which is hard to find in contemporary European housing.

Technically, the façade expression also has to address the Belgian fire rules that consider winter gardens to be inside spaces, with the consequence that along the façade a distance of 1 meter fireproof façade has to be respected between neighbors, both horizontally and vertically.

BÉTON, BOIS ET VERRE

La culture flamande est très physique et très influencée par le goût pour les plaisirs simples de la vie ; même au cœur d'une grande ville, on retrouve toujours un aspect de cette attitude rurale. La brique, incontournable, est le matériau de base des bâtiments flamands — Une caractéristique particulièrement bien rendue par l'adage : « Le Belge est né avec une brique dans le ventre ». L'Atelier Kempe Thill a recherché une expression architecturale qui pourrait créer un dialogue entre cette vision traditionnelle des choses et une orientation plus moderne se projetant dans le futur. Le budget, légèrement plus élevé que d'habitude, a permis de créer une matérialité très solide, difficile à trouver dans les conditions contemporaines du projet.

Techniquement, la façade devait appliquer les règles incendie belges qui considèrent les jardins d'hiver comme des espaces intérieurs, impliquant donc la présence d'un mètre de surface non inflammable entre deux appartements, aussi bien horizontalement que verticalement. C'est pourquoi les façades ont été construites avec des éléments en béton préfabriqué.

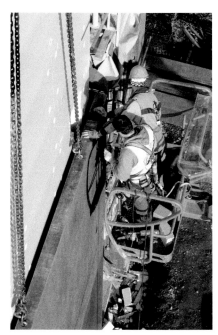

Prefabricated concrete elements
Éléments préfabriqués en béton

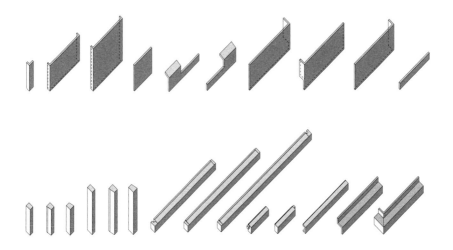

For all of these reasons, the façades are set up in prefabricated concrete elements. Beams and columns have sections with a height of 60 centimeters and a depth of 40 centimeters to meet the distance of 1 meter prescribed by the fire department. The load-bearing beams along the east and west façades are up to 11.5 meters long and create winter gardens of an unusual length. This length assures that the relatively massive dimensions of the concrete elements are brought back into a harmonious proportion to their total size and, as a total, add a refreshing monumental scale to the building.

On the head façades, large-scale, non-load-bearing concrete elements of 5.6 by 3.2 meters create a special aesthetic quality.

For Atelier Kempe Thill, it is the first time to work with a façade entirely made out of prefabricated concrete elements. The concrete has been chosen in an anthracite color and with a smooth and polished surface. Each element is custom-made. The dimensions of the elements even allow for the integration of rainwater pipes; and at the very end of the execution, all of a sudden, the fire department determined that foldable fire ladders must be integrated into the columns, despite the whole fire safety concept having been discussed elaborately with them before.

La section des poutres et des colonnes fait 0,60 × 0,40 mètre afin d'atteindre le mètre de séparation imposé par la sécurité incendie. Les poutres porteuses le long de la façade est/ouest font jusqu'à 11,5 mètres de long et créent des jardins d'hiver exceptionnellement longs. Cette longueur permet de ramener les dimensions massives des éléments en béton à des proportions plus harmonieuses dans l'ensemble et de donner ainsi une monumentalité rafraîchissante à l'immeuble. Sur les pignons, on trouve de grands éléments en béton non porteurs de 5,6 × 3,2 mètres qui confèrent une esthétique spéciale au bâtiment.

C'est la première fois que l'Atelier Kempe Thill travaille avec une façade entièrement constituée d'éléments en béton préfabriqué. Le béton a été choisi dans une couleur anthracite avec une surface lisse et polie. Chaque élément est fait sur mesure. La dimension de ces éléments a même permis d'intégrer les conduites d'eau de pluie ainsi que les échelles pliables dans les colonnes demandées subitement à la fin de l'exécution. Sans cette solution, il aurait fallu rediscuter l'ensemble du concept de la sécurité incendie.

Les éléments en béton sont assemblés avec de grandes portes coulissantes en vitrage simple dans les jardins d'hiver. Ces dernières peuvent atteindre jusqu'à 3,2 × 3,5 mètres par élément au quatrième

The concrete elements are combined with large single-glass sliding doors for the winter gardens that on the fourth floor reach up to 3.2 by 3.5 meters per element. Here, the winter garden forms an important exception in the façade rhythm and serves at the same time as the balustrade for the terraces of the attic.

All window profiles are made out of bronze anodized aluminum that combines well with the anthracite-colored concrete. The closed parts on the ground floor are made out of aluminum lamellas, also anodized in the same bronze color. The lamellas are a great means of giving the possibility to integrate ventilation grills into the closed façade parts for the smoke extractor of the parking garage or the mechanical ventilation of the office spaces on the ground floor, et cetera.

Interestingly, in such a project the façade is also the first one we have conceived that is not detailed as flush as possible but has plasticity; and, thanks to the scale of its elements, generosity and also a certain lightness are still provided.

To give the winter gardens a livable and cozy atmosphere, they are entirely covered by a wooden cladding in the interior. The "woodiness" of the terraces also contributes to the appearance of the outside, giving the building a welcoming vibrancy, while balancing the formal monumentality of the concrete elements and the sliding doors.

With this concept and all its ingredients, the project tries to offer a modern and light lifestyle with an architectural answer to the more heavy character of Belgian culture at the same time.

étage. Ici, le jardin d'hiver crée une rupture dans le rythme de la façade afin de servir de balustrade aux terrasses du niveau supérieur. Tous les profils des fenêtres sont en aluminium anodisé de couleur bronze se mariant bien avec le béton anthracite. Les éléments fermés au rez-de-chaussée sont également composés de lamelles en aluminium anodisé dans la même couleur bronze. D'ailleurs, ces lamelles ont été un excellent moyen pour intégrer les grilles de ventilation dans les parties fermées de la façade telles que l'extracteur de fumée du parking ou la ventilation mécanique des bureaux du rez-de-chaussée. Ce projet a par ailleurs permis à l'Atelier Kempe Thill de concevoir pour la première fois une façade dont le détail n'est pas le plus lisse possible, mais qui a au contraire de la plasticité, notamment grâce à l'échelle de ses grands éléments généreux qui confèrent aussi une certaine légèreté à l'ensemble.

Afin de pourvoir les jardins d'hiver d'une atmosphère vivable et confortable, ils sont entièrement recouverts d'un parement en bois. Cet aspect « boisé » contribue à donner une apparence extérieure accueillante et chaleureuse, créant ainsi un contrepoids à la formalité monumentale des éléments en béton et des portes coulissantes. À travers ce concept et avec tous les ingrédients qui le composent, le projet tente d'offrir un style de vie léger et moderne tout en répondant au caractère plus brut de la culture belge.

Winter garden construction
Structure des jardins d'hiver

HOUSES WITH BIG WINDOWS SOUTH OF THE RHINE

The winter garden also serves as an architectural mediator between the partition inside the apartments and the outside. It is impossible—with the relatively small surfaces of the apartments, the desired sizes of the sleeping rooms, and the limitations caused by the passive house concept in terms of glass percentages of the façade—to arrive at a really systematic architecture, with equal grid-line dimensions for all sleeping rooms and with all the related consequences. So the winter garden creates a well-conceived façade and hides the architectural inconsistency behind it, a strategy that might not be ultimately "honest" but seems hard to avoid under such circumstances.

Yet the winter garden in its setup, such as is found in this project, is also a means of offering a housing architecture in Flanders that opens up toward the outside with large glass surfaces.

South of the Rhine, the mentality toward glass in apartments changes dramatically within the Dutch-speaking population in Western Europe. North of the Rhine, people live under the motto "Let's best utilize the few days of sun we have; let's have as much glass as possible in the façade." South of the Rhine—unless the weather is the same—the opposite seems to be the case: people tend to fear, first of all, the potential danger of overheating if there is a lot of glass, instead of seeing the pleasure of the views. Funny enough, the winter gardens are meanwhile really used as living spaces. So this wariness toward glass may eventually become less topical, or even disappear if it is proposed.

DES MAISONS AUX GRANDES FENÊTRES AU SUD DU RHIN

Les jardins d'hiver servent aussi de médiateur architectural entre la partition intérieure des appartements et l'extérieur. En raison de la taille modeste des appartements, de la volonté de créer des pièces d'une surface correcte et des limitations imposées par le concept de la maison passive en matière de surfaces vitrées sur les façades, il s'est révélé impossible de réaliser une architecture véritablement systématique avec des trames égales pour les pièces et toutes les conséquences que cela implique. Ce sont donc les jardins d'hiver qui créent une façade bien conçue, masquant toute l'incohérence architecturale qu'il y a derrière — Une stratégie qui peut paraître malhonnête de prime abord mais qui semble très difficile à éviter dans ces circonstances. Toutefois, le jardin d'hiver tel qu'il est proposé dans ce projet est aussi un moyen d'offrir aux Flamands un bâtiment résidentiel qui s'ouvre sur l'extérieur avec des grandes surfaces vitrées.

Au sud du Rhin, le rapport au verre dans les appartements change drastiquement parmi la population néerlandophone. Au nord du fleuve, on applique la devise « Profitons au maximum du peu de jours de soleil que nous avons et ayons le plus de façade vitrée possible ». Au sud du Rhin, le credo opposé semble être de rigueur même si la météo est strictement identique : la population semble d'avantage craindre le risque de surchauffe lié au verre plutôt que de profiter de la vue qui en est dégagée. Toutefois et assez curieusement, les jardins d'hiver sont réellement investis en tant qu'espaces à vivre. Donc finalement, la peur du verre est peut-être amenée à devenir moins fréquente ou même à disparaître si elle est proposée.

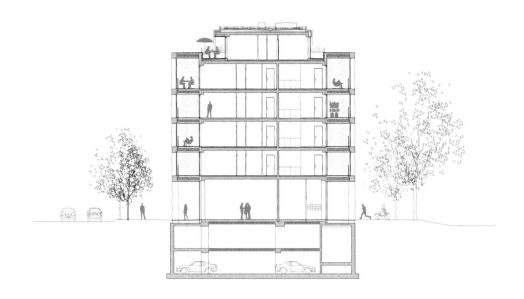

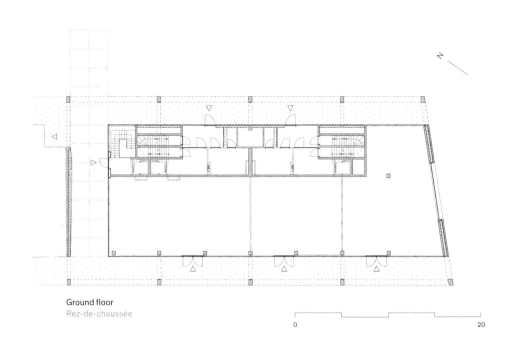

Ground floor
Rez-de-chaussée

0   20

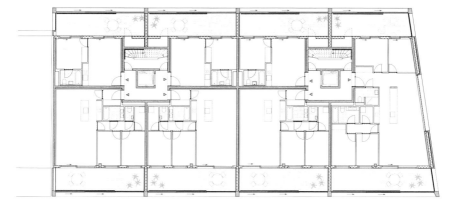

Second to fifth floors
Premier au quatrième étages

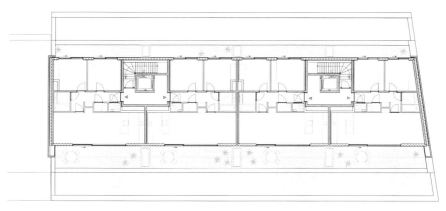

Sixth floor
Cinquième étage

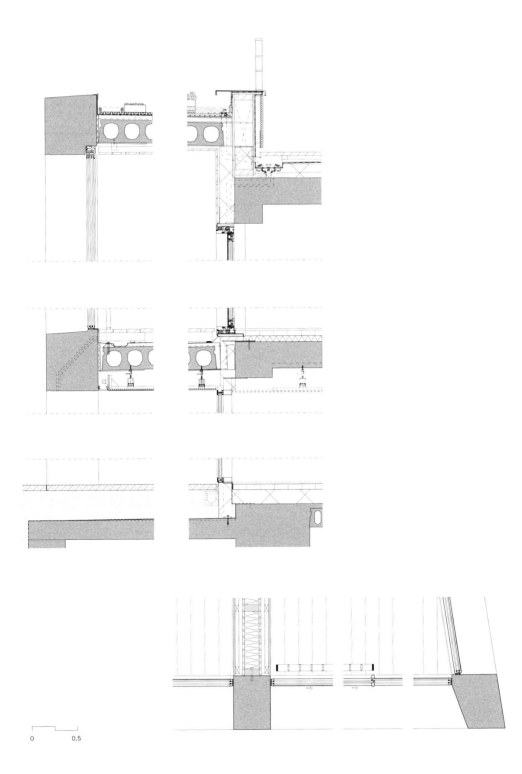

TENEVER BREMEN (DE)

28 social housing apartments, nursery school, and office space, 2015–

28 logements sociaux, école maternelle et bureaux, 2015–

INTO TECHNOCRATIC GERMANY

From the end of the nineteenth century until the 1930s, Germany became the driving force in the development of European housing and settlement planning. Classically educated architects like Peter Behrens, Heinrich Tessenow, Bruno Taut, Ernst May, Martin Wagner, Walter Gropius, Ludwig Hilberseimer, Swiss-born Hannes Meyer, Hans Scharoun, and Ludwig Mies van der Rohe made major contributions to the development of rationalistic German housing architecture with very balanced relations between urban, spatial, technological, and social ambitions.

This development stopped abruptly with the end of the Weimar Republic and never fully recovered after World War II. Instead, after the war, the poetic "art of building" of the interwar period slowly turned into a more and more technocratic discipline that could hardly offer substantial contributions to the development of European housing architecture as an artistic discipline. German architects were increasingly forced to become providers of precise technical services and thus lost their artistic autonomy.

Still today, Germany is the biggest building market in Europe, but the average architectural quality of housing is rather poor in comparison to countries like the Netherlands, Belgium, France, Denmark, Switzerland, and Austria. The architecture of housing does not play an important role—neither in general public discussion, nor in the branding of urban or regional identity—and is seen mostly as a pragmatic technical service without cultural ambition. Germans are less concerned with space, form, and the creation of a modern lifestyle, instead focusing on secondary aspects of building culture like a quasi-religious belief in energy-saving, a hysteric focus on technical comfort on all levels, and often merciless cost-efficiency that kills the joy of building, and even a bit of hedonistic ambition.

The general working conditions are therefore quite complicated. On the one hand, there are seemingly endless governmental building regulations and norms that also result from very aggressive lobby work by a strong German building industry promoting their products, especially acoustic and thermal insulation or heating, ventilation, and air conditioning (HVAC). For

DANS L'ALLEMAGNE TECHNOCRATIQUE

De la fin du XIXe siècle aux années 1930, l'Allemagne a été le leader européen du développement en matière de logements et d'aménagement. Des architectes de formation classique tels que Peter Behrens, Heinrich Tessenow, Bruno Taut, Ernst May, Martin Wagner, Walter Gropius, Ludwig Hilberseimer, le Suisse Hannes Meyer, Hans Scharoun et Ludwig Mies van der Rohe ont apporté une contribution majeure au développement d'une architecture allemande du logement rationaliste avec un rapport très équilibré entre des ambitions urbaines, spatiales, technologiques et sociales.

Ce développement s'est brusquement arrêté avec la fin de la République de Weimar et n'a jamais été complètement rétabli après la Seconde Guerre mondiale. Au lieu de cela, après la guerre, l'« art de bâtir » poétique de l'entre-deux-guerres s'est doucement transformé en une discipline de plus en plus technocratique qui ne pouvait plus guère offrir la moindre contribution au développement d'une architecture du logement européen en tant que discipline artistique. Les architectes allemands furent progressivement contraints de devenir des prestataires de services techniques précis et ont ainsi perdu de leur autonomie artistique.

L'Allemagne détient encore à l'heure actuelle la plus grande part du marché de la construction en Europe, mais la qualité architecturale moyenne y est plutôt pauvre comparée à d'autres pays européens tels que les Pays-Bas, la Belgique, la France, le Danemark, la Suisse ou l'Autriche. L'architecture du logement, qui ne joue un rôle important ni dans le débat public général, ni pour la promotion d'une identité urbaine ou régionale, y est plutôt vue comme un service pragmatique et technique sans réelle ambition culturelle. La plus grande préoccupation des Allemands n'est pas l'espace, la forme et la création d'un style de vie moderne, mais plutôt des faits relativement secondaires de la culture du bâtiment tels que la croyance quasi religieuse dans les économies d'énergie, une obsession du confort technique à tous les niveaux, et souvent un rendement économique sans merci qui tue le plaisir de construire et toute sorte d'ambition un peu plus hédoniste.

this reason, the possibilities for real experiments seem to be quite limited. On the other hand, there is hardly any control over the production of housing by the cities themselves. The number of competitions for housing projects is quite low in comparison to neighboring countries. Most of the cities have no "beauty committee" or quality board that discusses the urban integration or the spatial qualities of the proposed housing projects. In Germany, there is virtually no culture for master planning that in other countries assures supervision by the urban designers. Therefore, big parts of the production can be done directly by the building companies, without leaving any strong role for independent architects.

For this reason, Atelier Kempe Thill only works on German projects on a personal invitation basis. The project in Bremen was the result of the invited competition ungewöhnlich wohnen (unusal living), asking for new innovative concepts for social housing that could deliver a vital contribution to the production of the contemporary city and to the changing social and demographic demands. The competition was organized by the Bremen-based housing cooperation GEWOBA and stimulated by the former city architect Franz-Josef Höing. For Atelier Kempe Thill, the project has been an intensive experiment in trying to adapt our know-how to the conditions of a heavily regulated market with high standards, yet with low budgets in comparison to neighboring countries.

Les conditions générales de travail sont par conséquent assez compliquées. D'une part, on compte une somme considérable de réglementations et normes de construction gouvernementales résultant d'un travail de lobby très agressif de la part de la puissante industrie du bâtiment allemande qui promeut ses produits, notamment en matière de HVAC et de produits pour l'isolation acoustique et thermique. Par conséquent, les possibilités en termes d'expérimentation semblent assez limitées. D'autre part le nombre de concours pour des logements est très faible comparé à celui des pays voisins. La plupart des villes n'ont pas de comité esthétique ni de conseil de qualité qui étudie l'intégration urbaine ou les qualités spatiales des projets proposés. La culture du plan masse qui est assurée par la supervision d'urbanistes dans d'autres pays est quasiment inexistante en Allemagne. Ainsi, une grande partie de la production peut être directement réalisée par les entreprises de construction elles-mêmes, enlevant ainsi tout rôle important aux architectes indépendants.

C'est pour ces raisons que l'Atelier Kempe Thill travaille en Allemagne uniquement sur des projets faits sur la base d'une invitation personnelle. Le projet de Brême est le résultat d'un concours appelé *Ungewöhnlich Wohnen* (« un habitat inhabituel ») qui demandait aux concurrents de travailler sur un nouveau concept innovant de logement social qui pourrait livrer une contribution vitale dans la production de la ville contemporaine et l'évolution de la demande sociale et démographique. Le concours a été organisé par le bailleur social GEWOBA basé à Brême et stimulé par l'ancien architecte de la ville Franz-Josef Höing. Pour l'Atelier Kempe Thill, ce projet a été une expérience intense dans la démarche d'adaptation de son savoir-faire aux conditions d'un marché sévèrement encadré et avec des standards très élevés pour des budgets très faibles comparé à d'autres pays européens.

TWO STAIRCASES, ONE ELEVATOR

The project started with the wish to optimize all cost factors on an organizational level, so as to realize more spatial quality and more pleasant façades than would normally be the case in German social housing. Therefore, the building is organized as an extremely compact, three-story-high block with a depth of more than 25 meters. During the design process, we used our previous experiences with compact design projects for the health-care sector, like the Junky Hotel in Amsterdam, or housing for the elderly in the Belgian town of Heist-op-den-Berg as a reference model for social housing.

The ground floor of the building is designed for a nursery school and a city quarter office, with the different functional zones accessed directly from the outside. The first and second floors are occupied by a very cost-efficient social housing typology. All twenty-eight units are accessed by a single open main staircase and only one elevator. On the south side of the block, an additional escape staircase will be realized. This typology is quite exceptional for Germany, where normally one staircase serves only two to four apartments per floor. The proposed structure is designed as a repetitive system with always the same grid-line dimensions, façade elements, and interior components, thus keeping the cost of the individual building elements at a minimum thanks to repetition.

DEUX ESCALIERS, UN ASCENSEUR

Le projet débuta avec la volonté d'optimiser tous les facteurs de coûts sur le plan de l'organisation afin de créer plus de qualités spatiales et des façades plus plaisantes que dans la norme allemande du logement social. C'est pour cette raison que le bâtiment est organisé de manière extrêmement compacte, d'une hauteur de trois niveaux et avec une épaisseur de plus de 25 mètres. Durant la phase de conception, nous avons pris comme référence nos expériences précédentes de formes compactes dans le secteur des équipements de santé avec l'exemple du « Junky Hotel » d'Amsterdam (NL) ou la maison de retraite de Heist-op-den-Berg (BE).

Le rez-de-chaussée est conçu pour une école maternelle et des bureaux, ces différentes zones fonctionnelles étant directement accessibles depuis l'extérieur. Le premier et le deuxième étage sont occupés par une typologie très économe de logement social. Chacune des vingt-huit unités d'habitation est accessible par un seul et unique escalier ouvert et un ascenseur. Un escalier de secours supplémentaire sera réalisé sur la partie sud du bloc. Cette typologie est assez exceptionnelle en Allemagne où l'on trouve habituellement un escalier desservant seulement deux à quatre appartements au maximum. La structure proposée est conçue comme un système répétitif avec toujours la même trame, la répétition des éléments de façade et les composantes intérieures ayant permis de réduire au minimum les coûts pour les éléments constructifs individuels.

Original situation / Situation préexistante

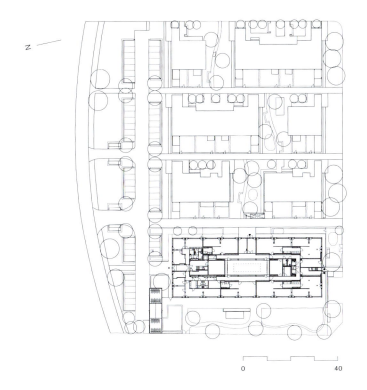

Comparable collective space / Espace collectif similaire Junky Hotel, Amsterdam (NL)

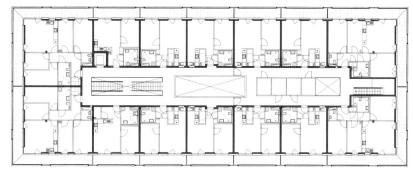

Second and third floors / Premier et second étages

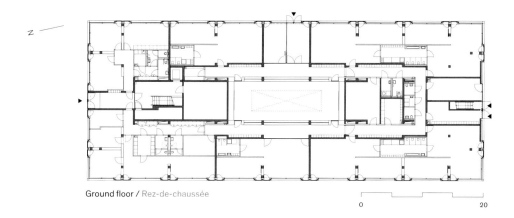

Ground floor / Rez-de-chaussée

0   20

"ATRIUMHAUS"

The main spatial quality of the project is the collective atrium space inside the block. This atrium is used as a relaxed entrance and access zone with an open staircase for the individual homes. The space enjoys plenty of daylight coming from the sky and offers a shared space with collective facilities for its future inhabitants that is very unusual in contemporary German social housing. In this zone, several storage spaces for the bigger apartments are realized as well. The big event room of the nursery school on the ground floor cuts through the atrium zone, offering a 9-meter-high space with a view toward the sky to the otherwise dark middle zone of the kindergarten.

« ATRIUMHAUS »

La principale qualité spatiale du projet est l'atrium collectif à l'intérieur du bloc. Cet espace est utilisé comme une entrée apaisante et une zone d'accès grâce à un escalier ouvert desservant les appartements. L'espace jouit d'une abondante lumière zénithale et offre un espace partagé avec des équipements collectifs pour les occupants, ce qui est très inhabituel dans le logement social allemand contemporain. On trouve également dans cette zone plusieurs espaces de stockage pour les appartements plus grands. La grande salle de réception de l'école maternelle au rez-de-chaussée donne sur la zone de l'atrium, un espace de neuf mètres de haut qui offre une vue vers le ciel et illumine l'espace de l'école maternelle.

BALCONY HOUSING

The rather small housing units are organized around the central atrium and consist on the west and east sides of mono-orientated, one-sleeping-room apartments of approx. 45–50 m². On the corners, bigger units for families are designed that offer a double-sided orientation with panoramic living rooms at the edges of the building. The entire volume is insulated with the typical German, more than 22-centimeter-thick exterior insulation finishing system and the unavoidable plastic windows with triple glazing. To stimulate an intense relationship between the apartments and the very green surroundings next to a historic park with old trees, we decided to provide the housing units with large outside terraces designed as a spatial extension of the rather small interiors. Therefore, the entire block is wrapped with an extra layer of balconies all around the façades, offering the inhabitants pleasant spaces for outside living in the city.

LOGEMENTS AVEC BALCONS

Les unités de logement relativement petites sont organisées autour d'un atrium central. Elles sont constituées de logements mono-orientés avec une chambre de 45 à 50 mètres carrés et sont situées de part et d'autre de la façade est/ouest. Aux angles se trouvent des unités plus spacieuses destinées aux familles, conçues de manière à offrir une double orientation et avec des séjours pourvus d'une vue panoramique. L'ensemble du volume est isolé avec le système d'enduit acrylique typiquement allemand d'au moins 22 cm d'épaisseur et les inévitables fenêtres en plastique avec triple vitrage. Afin de stimuler la relation intense des appartements avec l'environnement très vert du parc historique et ses vieux arbres, nous avons décidé d'offrir aux maisons de grandes terrasses extérieures conçues comme autant d'extensions des espaces intérieurs relativement petits. C'est pourquoi tout le bloc est enveloppé avec une couche supplémentaire de balcons tout autour de la façade, offrant ainsi aux usagers des espaces agréables d'habitat extérieur tout en étant dans la ville.

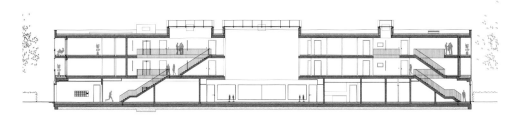

0   20

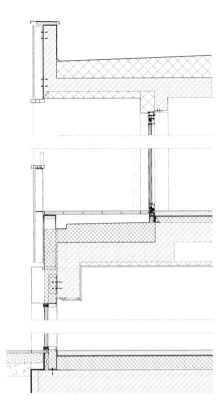

WOOD AND ALUMINUM

For the materialization of the block, the client requested that closed balcony balustrades be used in order to limit view contact from the outside on the balconies and proposed wood as a building material. Therefore, we have chosen an open cladding based on horizontal larch wood lamella that will give the building a quite natural, light-gray expression fitting to its suburban setting next to the big park. The balcony balustrades form an additional façade that covers the entire plastered block and will lend the building relaxed proportions that are hard to find in German social housing. The wooden façade will be subtly combined with the big anodized aluminum windows of the nursery school on the ground floor and aluminum frames around the balcony openings.

BOIS ET ALUMINIUM

Le client a demandé de matérialiser le bloc avec des balustrades fermant les balcons afin de limiter la vue vers l'intérieur des balcons et a aussi proposé d'utiliser le bois comme matériau. C'est pourquoi nous avons choisi un revêtement en lamelles de mélèze qui confère au bâtiment une expression gris clair assez naturelle qui se conjugue bien avec la proximité du grand parc. Les balustrades des balcons forment une façade supplémentaire qui recouvre entièrement le bloc en plâtre et donne au bâtiment des proportions apaisées difficiles à trouver dans le logement social allemand. La façade en bois est subtilement associée aux grandes fenêtres en aluminium anodisé de l'école maternelle du rez-de-chaussée, ainsi qu'aux cadres en aluminium des ouvertures des balcons.

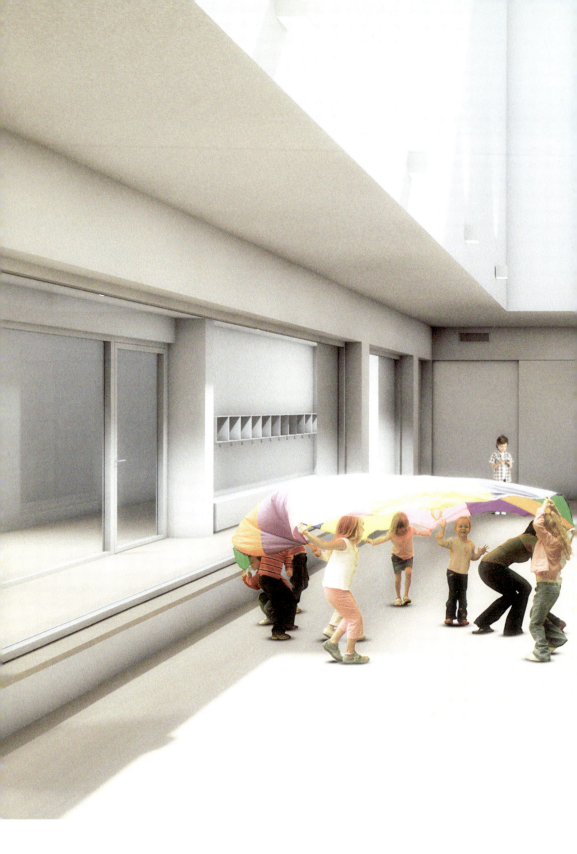

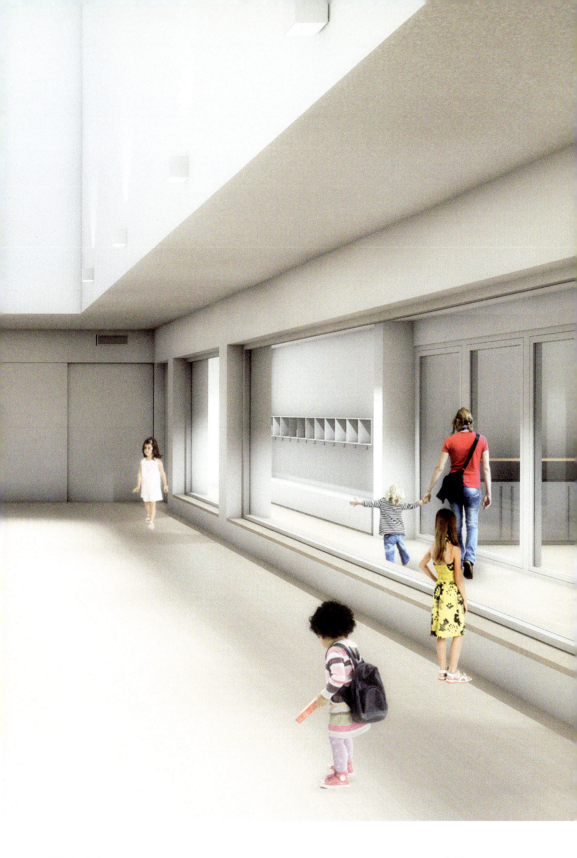

WINTER GARDEN HOUSING PARIS (FR)

50 social housing apartments, dental clinic, mother and child protection center, and underground parking, 2012–16

50 logements sociaux, clinique dentaire, centre de protection maternelle et infantile et parking souterrain, 2012–2016

FRANCE AND RATIONALISM

In January 2012, Atelier Kempe Thill won the competition for fifty apartments, a dentist's practice, a mother-childcare center, and underground parking at the Porte de Montmartre in Paris for the public housing corporation Paris Habitat. In terms of budget, the apartments are within the lowest financing categories of public social housing, PLI and PLA. The site is part of typical former industrial estates and areas with 1960s apartment complexes along the Boulevard Périphérique that are going to be changed into contemporary housing areas.

This project represents the first results of Atelier Kempe Thill's research on an equivalent of the new urban villa in French circumstances. Especially the fact that the project is located in the city of Paris with its great history, in particular the nineteenth-century parts, was an important source of inspiration.

Paris has been a metropolis subject of systematic modernization, to a degree that has not been reached in other cities in Europe. This was only possible in a spirit of consequently rational, systematic, and integral approaches. This spirit can for instance be found back in Jean Nicolas Louis Durand's systematic catalogue and design method of prototypes for all kinds of buildings a modern society needs or in Tony Garnier's La cité industrielle. Maybe the greatest achievements of this period were Baron Haussmann's operations to reinvent Paris, resulting in the interpretation of the city as a systematic declination of very coherent architectures with several gradations of importance.

The architecture of the boulevards that takes bourgeois life as its point of departure proposes a clear concept of living and creates, in this manner, the face and image for bourgeois life itself. The enfilade spaces in the inside and the balconies of varying depths along the entire façade are all substantial qualities carefully conceived as a standard, and even more: the enfilade reflects the grandeur of the boulevard and brings it into the interior as a sense of public within the house. Exactly these things are perceived as "Paris" throughout the entire world.

In the contemporary situation, everything has changed. All the new operations seem to have nothing to do with the spirit that created the consistency of

LA FRANCE ET LE RATIONALISME

En janvier 2012, l'Atelier Kempe Thill a gagné le concours lancé par le groupe de bailleurs sociaux, Paris Habitat, pour la construction de cinquante appartements, un cabinet de dentiste, un centre de Protection Maternelle et Infantile et un parking souterrain situés à la porte Montmartre à Paris. Les appartements font partie de la catégorie du PLI et du PLA, c'est-à-dire bénéficiant du financement le plus faible du parc social. Le site se trouve dans une ancienne zone industrielle en mutation le long du boulevard périphérique, on y trouve des complexes immobiliers datant des années 1960 qui sont amenés à être remplacés par du logement contemporain dans les années à venir.

Ce projet est le résultat de nombreuses recherches faites par l'agence dans le but de trouver l'équivalent de la nouvelle villa urbaine dans les conditions contemporaines du logement social en France. Paris fut une grande source d'inspiration, du fait que le projet se trouvait dans la capitale même, remarquable par son histoire, tout particulièrement celle du XIXe siècle.

Paris est une métropole sujette à une modernisation systématique et cela à un point qui n'a pas encore été atteint dans les autres villes européennes. Ce fut possible grâce à l'esprit rationnel qui a réussi à engendrer des approches systématiques et intégrales. On trouve déjà cet esprit dans le recueil de Jean Nicolas Louis Durand qui dresse une liste de toutes les méthodes de conception et de tous les types de bâtiments nécessaires à la société moderne, ainsi que dans La Cité industrielle de Tony Garnier. L'aboutissement ultime de ce siècle fut certainement les opérations orchestrées par le baron Haussmann pour réinventer Paris. Il a réussi à donner corps à une lecture systématique de la ville qui décline des architectures très cohérentes et cela dans diverses gradations d'importance.

L'architecture des boulevards, en prenant pour point de départ la classe sociale bourgeoise, propose un véritable concept de mode de vie et a donc réussi à façonner l'image même de la bourgeoisie. Les espaces intérieurs en enfilade et les balcons filants de profondeur variée aux qualités remarquables ont été minutieusement pensés selon des standards. L'espace

Haussmann's operations. It seems as if architects and urbanists have now capitulated when it comes to keeping on a strong and consistent urban architecture facing the incredible complexity of the Parisian urban regulations. It gives the impression that the architects get lost in the sheer endlessly possible and superficial choices of façade forms and materials. Tragically enough, Christian de Portzamparc's concept of "l'Âge III" seems the best concept for the contemporary neo-liberal city. For an outsider, it looks as if the Parisians are nearly in the process of self-negation and seemingly not understanding the essence of their city.

There's even irritation and doubt about the grandeur and general standards of the actual Haussmannian achievements. The spirit of this remarkable consistency is currently completely lost, especially if one analyzes the results of public competitions that often are more reminiscent of a small town's image than the self-understanding of a bourgeois world-class megacity. This phenomenon shows how rarely it happens in current democracy that all the necessary components to create only one good building come together, let alone even reach coherence on a larger scale. Haussmann's achievements are still not really valued, for diverse reasons that never grasp the real caliber of his achievements.

en enfilade reflète la grandeur des boulevards et la ramène à l'intérieur dans l'idée d'une mise en scène sociale. Ce sont ces images qui font l'enseigne de Paris aujourd'hui dans le monde entier.

Les conditions contemporaines ont aujourd'hui tout changé. Toutes les nouvelles opérations n'ont plus rien à voir avec l'esprit qui a créé la cohérence des travaux de Haussmann. Les architectes et les urbanistes semblent avoir capitulé dans la maintenance de l'héritage de cette architecture et de cet urbanisme fort et cohérent face à l'incroyable complexité des régulations urbaines parisiennes. Les architectes ont l'air de s'être noyés dans des choix sans fin de formes superficielles et de matériaux de façade infiniment divers. Assez tragiquement, le concept de l'Âge III inventé par Christian de Portzamparc semble être le meilleur pour la ville néolibérale contemporaine. D'un point de vue extérieur, les Parisiens semblent être coincés dans un processus d'autonégation qui leur a visiblement fait oublier l'essence de leur ville. On perçoit même une certaine irritation à l'encontre de l'idée de grandeur et de standards généraux caractéristiques des réalisations haussmanniennes. Cet esprit de cohérence remarquable a complètement disparu. On le voit notamment lorsqu'on analyse les résultats des concours publics qui ressemblent davantage à ceux d'une petite ville qu'à ceux d'une grande métropole rayonnante comme Paris. Ce phénomène montre à quel point il est difficile de trouver, dans les conditions démocratiques actuelles, une conjoncture où tous les ingrédients sont réunis pour créer ne serait-ce qu'un seul bon bâtiment. On est évidemment encore plus loin d'atteindre une cohérence sur une plus grande échelle.

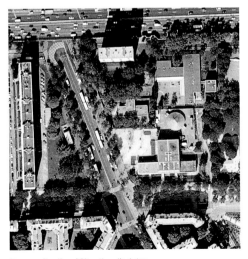

Former situation / Situation d'origine

WINTER GARDEN CITY

For the Montmartre project, the question for us was then: If the last great inspiring period of French architecture came out of this spirit of the second half of the nineteenth century, then what would be the most adequate contemporary theme for urban housing? What would be a type of living that has such substantial and coherent qualities that it could even become the basis for a prototype to be developed, that it could be simply repeated several times, an idea that in the current situation seems completely incorrect politically.

In contemporary French architecture, the housing typologies with consequently applied winter gardens or terraces, such as in the works of Lacaton & Vassal, would have great potential to play such a role as a general basis. In fact, such typologies could be used as basic elements for the city as a whole.

The reason for this potential lies in the fact that the winter garden fulfills a series of functions: from the perspective of the climate, it serves as a buffer and captures the energy of the sun. Acoustically, it primarily serves as a cushion against traffic noise. Spatially, the winter garden not only forms an extension for the apartments, which are glazed largely on the inside, a degree of private space that is desirable in relation to the prevailing French conditions. It can also be read as a contemporary interpretation of the typical balconies along the façades in many of the generic buildings along the Haussmann boulevards.

UNE VILLE DE JARDINS D'HIVER

Pour le projet de Montmartre, nous nous sommes demandé plusieurs choses. Si la dernière grande période architecturale française est née de cet esprit dans la deuxième moitié du XIXe siècle, quel serait le thème le plus adéquat pour le logement urbain contemporain ? Quel mode de vie aurait des qualités cohérentes et substantielles pour incarner la base d'un prototype reproductible, une idée qui d'ailleurs semble politiquement incorrecte dans la situation actuelle ?

Dans l'architecture contemporaine française, les typologies reprenant de manière efficace la formule du jardin d'hiver ou des terrasses, notamment visibles dans l'œuvre de Lacaton et Vassal, ont un très grand potentiel pour incarner une base générale. En effet, ce genre de typologie pourrait être utilisé comme un élément de base à l'échelle de la ville entière. La raison de ce grand potentiel réside dans la capacité du jardin d'hiver à répondre à une série de fonctions : à l'échelle du climat, il fonctionne comme un espace tampon qui vient capter l'énergie solaire ; d'un point de vue acoustique, il absorbe les nuisances sonores du trafic routier ; et sur le plan spatial, il constitue non seulement une extension largement vitrée à l'intérieur des appartements, mais aussi un espace qui confère un degré d'intimité supplémentaire important dans les conditions françaises.

Le jardin d'hiver peut également être lu comme l'interprétation contemporaine des balcons filants qu'on retrouve dans de nombreux bâtiments typiques des boulevards haussmanniens.

COMPACTNESS AND QUALITY

For all these reasons, the winter garden was taken as the basic concept for the Paris Montmartre project. A typology allowing such a concept in the most consequent way had to be developed, both architecturally and economically.

Therefore, during the competition phase, systematic research was set up to find the most dense and compact typology that allows the apartments to be organized all around an access core and that could be well combined with a winter garden along the entire façade.

A whole series of recent French housing projects were analyzed to explore the essence of conceiving collective housing projects in France and to investigate the possible margin within the budget. The discoveries that we made during this process of analyzing reference projects were that, on one hand, very often the typologies could have been improved economically and, on the other hand, that interior qualities of the access core were hardly to be found. Especially for the common interior spaces, such as a generous atrium, in France one can attain nothing more than the absolute minimum of strict necessities. That is due to ratios between gross and net surfaces that have to be achieved, and this is again related to how the ground price is calculated. But then the fire rules exclude this

COMPACITÉ ET QUALITÉ

C'est pour les raisons évoquées précédemment que nous avons décidé de prendre pour concept de base le jardin d'hiver. Il a donc fallu trouver une typologie capable de répondre à ce concept de la manière la plus conséquente d'un point de vue économique et architectural. Ainsi, durant la phase de concours, nous avons mis en place une recherche systématique pour trouver la typologie la plus dense et la plus compacte fonctionnant avec une distribution centrale combinée à l'aménagement de jardins d'hiver tout autour de l'ensemble des façades.

Dans cette perspective, toute une série de projets de logements français ont été analysés afin de déterminer l'essence de la conception du logement collectif en France et de trouver la marge qui pourrait être créée dans le budget. Durant cette procédure analytique de projets de référence, nous nous sommes aperçus d'une part que les typologies pouvaient être améliorées économiquement, d'autre part que les qualités intérieures du système distributif étaient quasiment inexistantes. En effet, en France en ce qui concerne les espaces communs tels qu'un généreux atrium, il est particulièrement difficile d'envisager de réaliser plus que le strict minimum nécessaire. On peut l'expliquer par le ratio exigé entre surfaces brutes et surfaces nettes, qui encore une fois peut être relié aux

categorically. It is not even possible to propose an entrance hall that has a size bigger than a small sleeping room because it would simply mess up the administratively defined ratio. Therefore, the concept of a collective space was changed; instead of an atrium in the interior of the buildings, the common courtyard that accesses the two buildings superseded this function.

In the end, due to all the rules and constraints that had to be respected, the optimal principal type was found in the size of approximately 19 meters in width by 20 meters in length. It offers nearly only corner-oriented apartments, kitchens with windows with direct daylight, and sleeping rooms with feasible grid-line dimensions. Two of these types have been combined with a courtyard in between as the ideal constellation to realize the program. This size is also politically correct in the French context, where the jury's judgment in competitions largely depends on choices of the local politicians.

méthodes de calcul du prix du foncier. Toutefois, les règles incendie excluent catégoriquement une possible amélioration. Il est même presque inenvisageable de concevoir un hall d'entrée qui dépasse la taille d'une chambre à coucher car il ficherait en l'air le carcan administratif qui définit ce ratio. Par conséquent, le concept d'espace collectif représenté par un atrium au cœur du bâtiment a été remplacé par une cour commune distribuant les deux bâtiments.

Finalement, en considérant toutes les règles et les contraintes à respecter, la typologie optimale a été trouvée sous la forme d'une base d'approximativement dix-neuf mètres de largeur et vingt de long. Les appartements créés sont pratiquement tous en angle et offrent des cuisines au premier jour ainsi que des chambres à coucher d'une surface acceptable. Ainsi la combinaison de deux bâtiments se faisant face autour d'une cour nous a semblé être la meilleure réponse pour accomplir le programme.

De surcroît, le bâtiment est d'une échelle politiquement correcte dans le contexte français. En effet en France les politiciens (nous voulons être respectueux) locaux ont un très grand poids dans le choix final du jury.

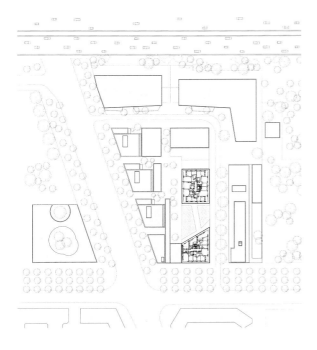

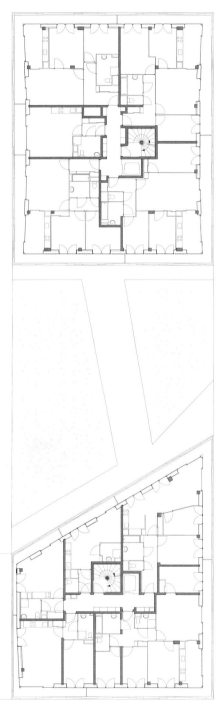

Separation wall between sleeping rooms
Cloison entre deux chambres

Third to sixth floors
Deuxième au cinquième ètages

SEARCH FOR A SYSTEMATIC PROTOTYPE

From the first moment, our intention was to find a prototype for French urban housing, a nearly diagrammatic plan wherein an intelligent structural logic and general organization of the building form an inseparable synthesis. The aim was a consequently rectangular, all-sided typology with a general value that can react to different situations. Load-bearing walls should bring the loads straight from the roof into the foundations without adding the cost of intense superstructures.

The discovery was then that to react to the programmatic and contextual specificities of the neighboring building, it was more intelligent to cut the first building diagonally while keeping the same length of the façades toward rue Maurice Grimaud. That had the positive effect that, on the one hand, the courtyard opened up larger toward the neighboring buildings and, on the other, the two buildings offered more variety in terms of apartment size to fulfill the competition brief.

But even more importantly, we found out that it has proved to be nearly impossible to find a consequent typological systematic. Not even in the still rectangular northern building could a really rigid structural system with repeating grid-line dimensions be kept. The combination of rules, such as the turning circles for wheelchairs, the necessary distances between walls and door handles, the sizes of the beds, the widths of corridors, and so on, in combination with the small sizes of the apartments due to the strangling administrative definition of apartment types going from T1 up to T6, makes this impossible in general. The conclusion for us, here, is that the combination of an incredible amount of rules due to democratic procedures has made it impossible to find a clear and logical architectural answer. Simply stacking rules one on top of the other, in combination with apartments that are simply too small for all, leads to a situation that it is very hard to handle. A seemingly arbitrary positioning of partition walls thus seemed unavoidable in this case. With the loss of this kind of logic, an industrial production method of the structural system seemed impossible as well.

The spatial backbone we could reach for the apartments lies in the kitchen, which in fact is the

À LA RECHERCHE D'UN PROTOTYPE SYSTÉMATIQUE

Dès le départ, notre intention était de trouver un prototype pour le logement urbain en France. Ce prototype se traduirait par un plan quasi « diagrammatique » dans lequel la logique structurelle et l'organisation générale du bâtiment formeraient un ensemble synthétique. Par conséquent, le but était de trouver une forme rectangulaire qui convienne pour une typologie homogène capable de s'adapter à différentes situations. Les murs porteurs devaient descendre les charges directement du toit aux fondations de manière à éviter le surcoût de lourdes superstructures.

Nous avons ensuite découvert l'utilité de s'aligner sur les spécificités programmatiques et contextuelles des bâtiments voisins. Ainsi, il était plus intelligent de couper le premier bâtiment diagonalement tout en gardant des longueurs de façade identiques le long de la rue Maurice-Grimaud. Ce qui eut pour effet favorable d'une part d'ouvrir plus généreusement la cour vers les immeubles avoisinants, d'autre part de créer de la variété en terme de surface dans l'offre des deux bâtiments et donc de mieux satisfaire aux requêtes du cahier des charges. Ce qui fut encore plus surprenant fut de comprendre qu'il était quasiment impossible de trouver une typologie conséquemment systématique. Il n'a même pas été possible de mettre en place, dans le bâtiment rectangulaire situé au nord de la parcelle, un véritable système structurel rigide avec des mesures récurrentes et systématiques. Cela semble tout simplement impossible à cause de la combinaison d'un échafaudage de règles incluant les cercles des PMR, la distance obligatoire entre les murs et les poignées de portes, la taille des lits, la largeur des couloirs, le tout combiné aux surfaces minuscules soumises aux règles administratives étriquées définissant des types d'appartements allant du T1 au T6.

Nous en avons conclu que la combinaison d'une incroyable quantité de règles résultant des procédures démocratiques rend aujourd'hui impossible la création d'une réponse architecturale claire et logique.

Le simple empilement de règles les unes sur les autres, ajouté à la surface trop petite des appartements, amène vers une situation très difficile à gérer. Une partition des murs qui à l'air arbitraire nous a

prolongation of the living space situated in the corner of the building; in fact, this is the noblest space of the apartment in reminiscence of the French passion for cooking. The kitchen is only separated from the living area by light sliding doors. Thanks to this, a panoramic effect could be created, giving the living space a visual generosity because it simply opens up toward the outside and therefore provides more ventilation. Moreover, the cantilevering open corners of the winter gardens strengthen this effect.

semblé ici inévitable. Avec la perte de ce genre de logique, une méthode de production industrielle du système structurel semble donc également impossible.

Le cœur spatial que nous avons réussi à obtenir se constitue de la cuisine, qui est en réalité le prolongement de l'espace à vivre ; situé à l'angle du bâtiment, c'est l'espace le plus noble en référence à la passion des Français pour la cuisine. Cet espace et le salon sont seulement séparés par de légères portes coulissantes. Grâce à cette stratégie, un effet panoramique est créé, qui donne ainsi au salon une générosité visuelle en s'ouvrant vers l'extérieur et procure un bol d'air dans un espace étriqué. L'effet est accru grâce aux angles ouverts et en porte-à-faux des jardins d'hiver.

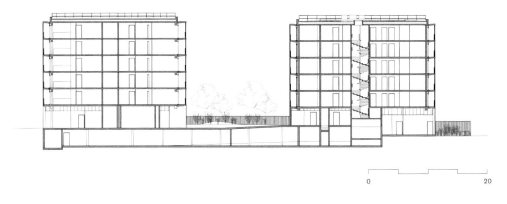

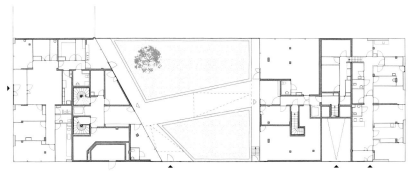

Ground floor / Rez-de-chaussée

PARIS (FR)

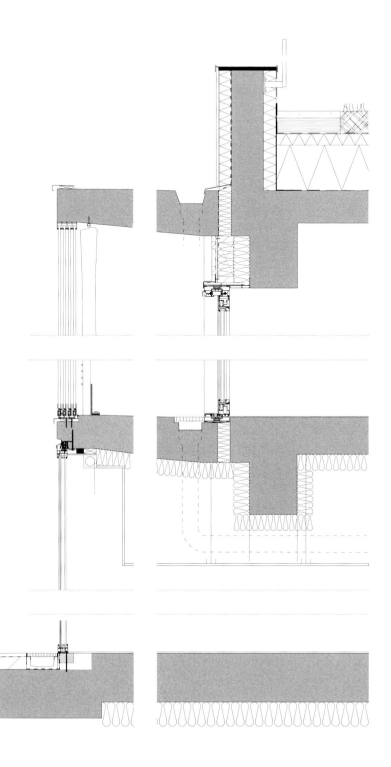

ADMINISTRATIVE RULES MAKE ARCHITECTURE

Furthermore it was an interesting discovery that already in the competition stage it was clear that within the requirements of the Parisian Local Urban plan (PLU), it was necessary to reduce the thickness of the structural floor plates to incredible 20 centimeters, without any additional cement layer or floating screed. According to French rules, this is possible due to the relatively low demands on acoustic separation between apartments compared to other Western European countries. In the end it became nearly impossible to build within these minimal floor slabs the shower guts for the handicapped apartments.

With the new French definition of gross floor area (Surface de plancher des constructions, SPC) and the fact that winter gardens have to be considered part of this space, the gross floor area rises enormously. Unfortunately, this mechanism penalizes an architect who within the same budget is trying to offer some extra space, because administratively it worsens the ratio between gross floor area and net surfaces to an unacceptable degree. With this mechanism, French architecture is strangled anew by a completely useless bureaucratic mechanism.

The fire department regards winter gardens as internal spaces. That actually means that a distance of 1 meter of non-combustible façade material has to be respected. What is more, it is impossible to have entire opening sliding doors on the façade because the French fire department doesn't accept fire simulations and sticks to old-fashioned fixed rules. After several sessions, the fire department accepted that the meter distance could be the addition of vertical and horizontal elements, such as the thickness of the floor plate or a slight elevation at the foot detail of the handrail. As a result, it ultimately became possible to ensure a flush detailing of the façade.

LES RÈGLES ADMINSTRATIVES FONT L'ARCHITECTURE

Nous avons été surpris d'apprendre que pour répondre aux exigences du Plan Local Urbain (PLU), il était nécessaire – et cela dès la phase de concours – de réduire l'épaisseur du plancher structurel jusqu'à atteindre à peine vingt centimètres sans aucune couche de ciment ou de chape flottante additive. En effet, cela est conforme aux normes françaises très laxistes comparé aux autres pays européens en matière d'exigences acoustiques entre différents appartements. Finalement, il fut presque impossible de mettre en place le drainage des douches à cause de ces planchers trop fins dans les appartements conçus pour les personnes à mobilité réduite.

La définition française de la surface de plancher intègre la surface des jardins d'hiver, ce qui engendre l'augmentation fulgurante de la surface de plancher (SPC). C'est un mécanisme qui malheureusement pénalise fortement les architectes qui essayent d'offrir dans le même budget des espaces extérieurs supplémentaires, car au final il empire la situation administrative scandaleuse du ratio entre surface de plancher nette et surface de plancher brute. Ainsi l'architecture française est encore une fois complètement étouffée par ce mécanisme futile et bureaucratique. Les pompiers parisiens considèrent également les jardins d'hiver comme des espaces intérieurs. Cela implique qu'une distance d'un mètre de façade en matériaux non combustible soit respectée. Par ailleurs, il est impossible d'avoir des façades entièrement composées de portes coulissantes car la sécurité incendie refuse catégoriquement l'essai de simulations incendie et préfère s'en tenir fermement à des normes désuètes. À la suite de nombreuses relances, le département de sécurité incendie a finalement cédé pour remplacer le mètre de façade par l'addition d'éléments verticaux et horizontaux comme l'épaisseur de la dalle ou la légère surélévation d'un détail du pied du garde-corps. Il a donc finalement été possible de réaliser un détail de façade propre et élégant.

Prefabrication of balconies on site
Balcons préfabriqués sur le chantier

A LIGHT MATERIALIZATION AND AN ADVENTUROUS EXECUTION

The materialization of the project tries to capture faithfully the French spirit: a modern, even modernistic style and light materialization. A maximum of glass, some corrugated sheets, and the concrete of the winter gardens are the dominating elements. The building is set up horizontally, and the corners are visually open, lending spatial quality to the interior and the exterior.

This "industrial" materialization, which makes the appearance of the project considerably independent from craftsmanship, was also a great help for the partly adventurous execution on an unconscious level.

During the design stages, the client always looked with great disbelief when we explained that we wished to realize the balcony floor plates as an apparent concrete construction. It was opposite to what French architects usually do, wrapping concrete plates with metal cladding, which, at first glance, seemed to be a pure waste.

When the execution began, things became more understandable. It seemed impossible to assure a minimum quality; all the concrete work seemed to be done entirely by uneducated personnel, large con-

UNE MATÉRIALITÉ LÉGÈRE ET UNE ÉXÉCUTION ALÉATOIRE

La matérialité du projet tente de capter fidèlement l'esprit français en prenant des matérialités modernes et légères, voire dans un style moderne. L'emploi massif du verre et de voiles ondulés ainsi que le béton apparent des jardins d'hiver sont les éléments principaux qui composent ce projet. Le bâtiment est organisé horizontalement et les angles ouverts visuellement confèrent de la qualité spatiale aussi bien à l'intérieur qu'à l'extérieur. Inconsciemment, cette matérialité industrielle qui rend le projet en apparence globalement indépendant de l'artisanat fut d'un grand secours lors de l'exécution qui fut très aléatoire. Durant les phases de conception, le client était très sceptique lorsque nous lui faisions part de notre volonté de laisser les dalles des balcons en béton apparent. C'est en effet quelque chose de complètement opposé à ce que les architectes français produisent habituellement en enveloppant les dalles en béton avec des revêtements métalliques, ce qui semble d'ailleurs parfaitement inutile. Mais lorsque l'exécution débuta, les raisons commençaient à paraître très compréhensibles. Il semblait impossible d'assurer la moindre qualité car

struction tolerances were normal, steel reinforcements staying apparent out of a porous mass. Quite a few walls had to be thinned out afterward. Under these circumstances, planning to conceive apparent formwork seems naïve. Still, the balconies had to be made from apparent concrete, by the same team of construction workers. A long struggle began around the quality of the balconies, how to produce them, how to make molds, how to densify the concrete, and so on. Finally, after a lot of rejected test castings, we arrived happily at a result that convinced both after all: the builders and the architects. The concrete did not have to be covered.

toute la mise en œuvre du béton était réalisée par un personnel absolument non qualifié. De larges tolérances constructives ou des renforcements en acier apparent dépassant au milieu de masses poreuses semble être une pratique courante. De nombreux murs ont dû être affinés après coup. Effectivement, dans ces circonstances-là, il était vraiment naïf d'espérer concevoir des coffrages apparents. Cependant les balcons devaient toujours être réalisés en béton apparent et cela par la même équipe d'ouvriers. Ce fut le début de longs débats autour de la qualité des balcons, comment les produire, comment faire des moules, comment densifier le béton, etc. Après de nombreux essais rejetés, nous sommes finalement heureux d'avoir obtenu un résultat convaincant aussi bien pour les ouvriers que pour les architectes. Le béton a pu rester apparent.

Floor plate before pouring
Avant le coulage de la dalle

DEFINING A STANDARD

DÉFINIR UN STANDARD

Éric Lapierre

In evaluating today's landscape of contemporary architecture in terms of housing, the work of Atelier Kempe Thill stands out conspicuously against the nebulous background of formal and often deprived of in-depth research. Besides an idiosyncratic character due to coherent work developed over time, this legibility comes from the fact that their production raises some fundamental questions about the definition of mass housing in the historic perspective of modernism.

YESTERDAY'S HOUSING

We can date the operational beginning of a proper rational and metropolitan consideration of housing from Baron Haussmann's constructions realized in Paris from 1853 to 1870. For their vastness—we generally consider that 60 percent of the Parisian buildings were destroyed and rebuilt—and the nature of it—Haussmann's work mainly concerned the construction of buildings for housing and how they could create a coherent urban whole—these constructions explore some fundamental questions about the essence of mass housing.

In fact, from a purely quantitative point of view, the massive character of Haussmann's work covers most of the issues the architects of the modern movement tried to answer later on. The majority of these issues are still current today, because their concepts are inherent to housing construction for the multitude. These are the questions to which the housing projects of Atelier Kempe Thill provide answers.

In the mid-nineteenth century, the rise of the housing issue as a central preoccupation for public officials and architects was historically new. By the way, it was so innovative that the history of architecture of that period barely remembers any buildings for housing. There are only very few exceptions, such as the Cité Napoléon in Paris, completed in 1851, and the Familistère at Guise. At the time of its construction, the mandate of Haussmann had already been over for ten years; besides, it doesn't show any proper replicable character. Despite the critical fortune of the baron's work, none of Haussmann's buildings have been remembered by the history of architecture, for the very fundamental reason that Haussmann's architecture succeeded in the challenge of banality. Haussmann's buildings are remarkable collectively, thanks to their capacity to create an urban whole leading to a very qualitative urban landscape, yet they are almost impossible to identify individually. One could say that the individual identification of Haussmann's buildings is impossible. Taken separately, they appear to be boring since they immediately perform their typological fate. They embody a type so perfectly that practically none of them manage to release themselves from this character to achieve an individual sense of singularity. The generally used singular form to designate "the Haussmann building" is the paradoxical sign of their homogeneous multiplicity. The single is not interesting; multiplicity is fundamental, just like the only theorist of Haussmann's buildings, César Daly, suggested in 1863: "The dwelling house in a big city, or the rental property, above all other constructions, is in one word, the type which copes the worst with fantasy. It requires above all restraint, calm,

Dans le paysage architectural contemporain, le travail de l'Atelier Kempe Thill en matière de logement se détache nettement sur le fond nébuleux de recherches formelles souvent dénuées de profondeur. Cette lisibilité, outre qu'elle est la marque du caractère idiosyncrasique d'un travail cohérent développé sur une longue durée, provient de ce que la production de l'atelier pose des questions fondamentales sur la définition du logement de masse dans la perspective historique de la modernité.

LOGEMENT D'HIER
On peut dater le départ opérationnel de la réflexion proprement métropolitaine et rationnelle en matière de logement des travaux que le baron Haussmann a réalisés à Paris de 1853 à 1870. Par leur ampleur – on considère généralement que soixante pour cent des immeubles parisiens ont été détruits et reconstruits – et leur nature – les travaux d'Haussmann concernaient essentiellement la construction d'édifices de logements et la manière dont ils pouvaient constituer des ensembles urbains cohérents –, ces travaux posent des questions fondamentales quant à la nature du logement de masse.

En effet, le caractère massif des travaux d'Haussmann, d'un point de vue purement quantitatif, emporte avec lui la plupart des questions auxquelles les architectes du Mouvement moderne tenteront de répondre. La plupart de ces questions sont toujours d'actualité car elles sont conceptuellement liées au fait même de construire des logements pour la multitude. C'est à celles-ci que les projets de logements de l'Atelier Kempe Thill tentent d'apporter des réponses.

Au milieu du XIXe siècle, le fait que la question du logement devienne aussi centrale dans les préoccupations des édiles et des architectes était historiquement nouveau. Si nouveau, d'ailleurs, que l'histoire de l'architecture de cette période ne retient quasiment aucun bâtiment de logement ; à quelques rares exceptions près, telles que la Cité Napoléon à Paris, achevée en 1851, ou le familistère de Guise, mais le mandat d'Haussmann était déjà achevé depuis dix ans au moment de sa construction, et qui ne possède, par ailleurs, aucun caractère réellement reproductible. Mais aucun bâtiment haussmannien, en dépit de la fortune critique des travaux du baron, n'est retenu par l'histoire de l'architecture, et cela pour la raison fondamentale que l'architecture haussmannienne a réussi le pari de la banalité. Les immeubles haussmanniens sont remarquables collectivement par leur capacité à créer des ensembles urbains cohérents dont il résulte un paysage très qualitatif, tout en étant, en eux-mêmes, quasiment impossibles à identifier individuellement : pris séparément, ils semblent ennuyeux car ils réalisent d'emblée leur propre devenir typologique. Ils représentent un type, si parfaitement, que quasiment aucun d'eux ne parvient à s'affranchir de ce caractère pour se singulariser. Le singulier généralement utilisé pour les désigner – « l'immeuble haussmannien » – est la marque paradoxale de leur multiplicité homogène. L'un est sans intérêt ; la multitude est capitale, comme le suggérait le seul théoricien de l'immeuble haussmannien, César Daly, dès 1863 : « *La maison d'habitation dans une grande cité, la maison à loyer, en un mot, est, de toutes les constructions, celle qui supporte le plus difficilement la fantaisie. Ce qu'elle réclame avant tout, c'est la sagesse, le calme, la réserve. […] En résumé, disons-le, la maison à loyer est le lieu commun de l'architecture, lieu commun qui doit briller par le sens commun. Elle doit convenir à la foule, non à la façon d'une mode éphémère, mais à titre d'installation invariablement confortable et décente.* »[1]

De ce point de vue, l'architecture haussmannienne témoigne déjà de préoccupations proches de celles des architectes du Mouvement moderne. L'haussmannisme est une modernité non déclarée, en quelque sorte dénuée d'idéologie, et si préoccupée d'action qu'elle n'a quasiment jamais pris le temps de mener de réflexions théoriques. Le projet haussmannien se réalise car il est identifié comme une nécessité opérationnelle pour réformer une ville asphyxiée sous son propre poids, mais pas en vertu d'une idéologie proclamée *a priori*.

Les historiens qui, depuis une cinquantaine d'années, se sont penchés sur son étude ont focalisé leur regard sur la capacité des immeubles haussmanniens à constituer des ensembles urbains exceptionnels. Ils ont travaillé sur la question de la forme urbaine et sur la relation des constructions entre les bâtiments et l'espace public sans jamais, ou presque, regarder l'architecture des immeubles elle-même. Le temps est venu pourtant de considérer l'architecture haussman-

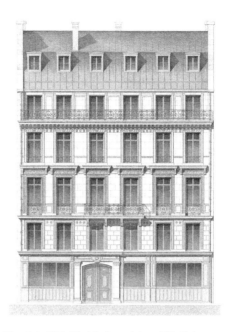

César Daly, 1863, *L'Architecture privée au XIXᵉ siècle sous Napoléon III. Nouvelles maisons de Paris et des environs*, Paris, 1864, vol. 1

and reserve. In sum, and admittedly, rental properties are common places, which should be stunning for its common sense. It should be convenient for the multitude, not like an ephemeral fashion, but as a invariably comfortable and decent facility."[1]

In this regard, Haussmann's architecture already witnesses concerns close to the ones of the modern movement architects. In a manner of speaking, Haussmannism is an undeclared modernity, to a certain extent devoid of ideology, and so affected by action that it never took the time to engage in any theoretical reflection. Haussmann's project is realized because it was considered an operational necessity to reform a city suffocating under its own weight but not under a proclaimed ideology.

Over the last fifty years, historians who started to consider Haussmann's work have focused their energy on the capacity of Haussmannian buildings to establish exceptional urban wholes. They have worked on the issue of the urban form and the relationship between the constructions and the public space—never, or hardly, considering the architecture of the buildings in and of itself. Yet time has come to consider Haussmann's architecture as such. Space is not sufficient to analyze the structures in detail here, but we should remember that these buildings are characterized by a very strong and stable exterior image, ensuring permanency in the urban landscape. Moreover, the interior spaces of these apartments were very easy to adapt to completely unpredictable purposes at the moment they were conceived. The flexibility of the interior spaces has ensured the permanency—the durability—of these buildings. The enfilade of main rooms to public spaces, distributions—often doubled—and service rooms in the back, bearing façades

Sol LeWitt, *Grids of Grids,* 1976, sixty-four chromogenic prints mounted on board
Sol LeWitt, *Grids of Grids,* 1976, soixante-quatre tirages chromogènes montés sur un panneau

nienne en soi. La place manque ici pour l'analyser en détail, mais retenons que ces immeubles se caractérisent par une image extérieure forte et stable garantissant une permanence du paysage urbain, et par des intérieurs de logements qu'il a été très simple d'adapter à des usages totalement imprévisibles au moment de leur conception. La ductilité des espaces intérieurs est garante de la permanence – de la durabilité – de ces immeubles. Enfilades de pièces nobles sur les espaces publics, circulations – souvent doubles – et pièces de service, à l'arrière, façades porteuses et mur de refend parallèle à celles-ci au centre du logement, sont les caractéristiques récurrentes du type. Au cours du temps, ces espaces ont été convertis en bureaux ou cabinets pour professions libérales, avant de redevenir des logements qu'il a été possible de partager grâce aux deux cages d'escalier d'origine – escalier noble et escalier de service. La vie d'un immeuble haussmannien est complexe dans l'espace de par la superposition de classes sociales diverses dans une seule construction comme l'a montré brillamment Georges Pérec dans *La Vie mode d'emploi*, mais aussi dans le temps, de par la capacité de ces espaces à évoluer.

LOGEMENT D'AUJOURD'HUI
Constat désarmant, mais force est de constater que bien rares sont les logements contemporains capables de rivaliser en matière de clarté conceptuelle, d'usage, d'image urbaine, et de durabilité, avec l'architecture haussmannienne. Pourtant, entre elle et nous, les architectes du Mouvement moderne ont dédié la plus grande partie de leur énergie à penser le logement de masse en l'adaptant, d'une part, aux contraintes des nouveaux usages et modes de vie, d'autre part au système de production moderne – la construction en béton armé, le tout résumé dans la forme du plan et des façades libres. Pour autant, le Mouvement moderne n'a pas réussi à établir un type récurrent – un « standard » disait Le Corbusier – qui se serait imposé avec la même force que le type haussmannien. Les unités d'habitation de Le Corbusier ne

with shear walls parallel to them in the center of the apartment, are the recurring characteristics of this type. Over time, these spaces were transformed into offices or working spaces, before turning back to housing. The fact that these buildings were originally endowed with two stairwells—one for service and the other noble—has often allowed them to be divided in two. The life in a Haussmannian building is spatially complex due to the superposition of diverse social classes in only one construction, as George Perec brilliantly described in *La Vie mode d'emploi* (Life, a User's Manual), but also due to time thanks to its ability to evolve.

TODAY'S HOUSING

It is a disarming statement but still needs to be said that it is rare to find contemporary housing able to compete—in terms of coherence, usage, urban image, and durability— with Haussmannian architecture. Even though, between this period and today, architects of the modern movement have spent most of their energy studying mass housing in an attempt to meet the demands of new lifestyle and usage patterns: on the one hand, to update the modern production system, and on the other hand, to sum it all up in the form of open plans and open façades. Despite it all, the modern movement did not succeed in establishing one recurring type—a "standard" in the words of Le Corbusier—which could have imposed itself with the same strength of Haussmannian buildings. Le Corbusier's housing units failed to achieve the same status, in spite of a slight beginning of reproduction; the rationalization of housing has often led to its impoverishment, symbolized by the French disaster of the *grands ensembles,* which were, most of the time, based on the conditioning of men's life to the construction process defined by the involved companies. Atelier Kempe Thill's work—while picking up the interrupted threads of the housing issue from the mid-nineteenth century—has been lacing a synthetic solution suitable to our times. Their projects negotiate the definition César Daly gave to housing: they are banal in the sense that they cater to the permanent and undefined needs of the multitude. But also in a sense that the rationality of their architecture makes them intelligible, for instance elevating them to the rank of "invariably comfortable and decent installations." In ordinary contemporary conditions stemming from the twentieth century, since the beginning of this period where more buildings have been built than in the entire history of humanity, the traditional notions that have organized the architectural discipline as such have been reversed. The exclusivity of a limited series of masterpieces built for the *happy few,* princes and popes, capable of understanding their sophistication have been replaced by the value of typical replicable solutions suitable for the masses. César Daly had already understood this concern for the only question of mass housing, because it is the program that raises the issue in the most direct way; however, this is today affecting all constructions. Therefore, beyond the creation of efficient buildings, the rational choices of Atelier Kempe Thill aim to be significant for all: the rationality of their choices is understandable, and therefore significant, to any perceptive observer; it corresponds to contemporary expectations and the need to achieve intelligible productions for the

Unité d'habitation, Le Corbusier, Marseille, 1947–52

Andy Warhol, *Campbell's Soup Cans,* 1962

sont pas parvenues à accéder à ce statut en dépit d'un début de réplication, et la rationalisation du logement n'a souvent conduit qu'à son appauvrissement, symbolisé par le naufrage des grands ensembles français, fondés la plupart du temps sur le conditionnement de la vie des hommes par les process de construction des entreprises.

Le travail de l'Atelier Kempe Thill reprend les fils interrompus des réflexions menées sur le logement depuis le milieu du XIXe siècle pour en tresser une solution synthétique et adaptée à notre temps. Leurs projets répondent à la définition que César Daly donnait du logement : ils sont banals dans le sens où ils correspondent aux besoins indéfinis et permanents de la multitude, mais aussi dans le sens où la rationalité de leur architecture rend celle-ci intelligible, c'est-à-dire qu'elle les élève au rang « *d'installation invariablement confortable et décente* ». Les notions traditionnelles qui structuraient l'architecture de toute éternité sont inversées à notre époque, alors que plus de bâtiments ont été construits depuis le début du XXe siècle que durant toute l'histoire de l'humanité. Les

layperson, without having to give up the cultural character of architecture as a historically established conceptual discipline. Hence, the aspects of their buildings are often similar: simple orthogonal volumes, largely glazed regular structures. Reiteration is a sign of deepening research; it underlines its typological dimension and the replicable character of meaningful solutions in any context like Haussmann's architecture. But also the models of artistic procedures developed since the advent of photography—such as Monet's series of haystacks, Atget's shop façades, the Bechers' industrial buildings, Ruscha's gasoline stations, but also LeWitt's *Photogrids* and Warhol's soup cans—have expressed that a conceptual approach is deepened by the repetition of the same kinds, and furthermore that by definition this repetition belonged to the ordinary world produced by the Industrial Revolution and its corollary massification.

Moreover, in the manner of Haussmann's achievements, the rationality of the Atelier Kempe Thill approach has led a priori to defining a set of recurring criteria fulfilled by their buildings. These criteria tend to define a type, a standard. Structures comprised of columns and slabs, economical because rational, flexible thanks to their capacity over time to cope with new purposes: the exterior spaces act as buffering areas, enabling environmental requirements to be satisfied, together with an increase in thermal inertia for the buildings, while improving the comfort of the apartments. Thus, winter gardens and maximum-glazed façades are created in order to foster a relationship with an intense landscape from the inside and to celebrate the freedom given by frame-structure systems. These are the fundamentals of what the architects define as contemporary domestic architecture. In so doing, they perpetuate the typical and voluntary character remembered from Haussmann's architecture, updated in the light of the structural and formal possibilities offered by reinforced concrete, steel, and glazing, following the ideas of modern architecture. As a result of this encounter, a new beauty—calm, sharable, and permanent— is created: one of a new open world, which has surpassed the heroic stage of modernity to enter into one of non-passionate efficiency, one that offers the credible hypothesis of a culturally more democratic architecture without being populist. In the absence of rhetoric, it allows, just as a great piece of art, one to recognize oneself in a work endowed with collective meaning.

1   César Daly, *L'Architecture privèe au XIXᵉ siècle sous Napoléon III*, vols. 1 and 2 (Paris, 1864), p. 17.

chefs-d'œuvre exclusifs en série limitée construits pour les princes et les papes, *happy fews* capables d'en comprendre la sophistication, ont fait place à des solutions reproductibles conçues pour la multitude. César Daly l'avait déjà compris pour le logement de masse, immédiatement concerné à son époque, mais cela affecte aujourd'hui la totalité des constructions.

Dès lors, les choix architecturaux de l'Atelier Kempe Thill visent à créer des bâtiments à la fois rationnels et compréhensibles pour tout observateur attentif. Leur rationalité répond ainsi aux attentes de notre époque : produire des œuvres intelligibles par les non-initiés sans pour autant renoncer au caractère culturel de l'architecture en tant que discipline conceptuelle historiquement constituée. Ces bâtiments se ressemblent souvent par leurs volumes orthogonaux et leurs structures régulières et largement vitrées. La réitération marque l'approfondissement d'une recherche tout en soulignant sa dimension typologique et le caractère reproductible de solutions valables en elles-mêmes quel que soit le contexte. Elle s'apparente ainsi d'une part à l'architecture haussmannienne, d'autre part aux procédures artistiques développées depuis l'apparition de la photographie : qu'il s'agisse des meules de Monet ou des façades de boutiques d'Atget, des bâtiments industriels des Becher ou des stations service de Ruscha, des *Photo-Grids* de Sol LeWitt ou des boîtes de soupe de Warhol, toutes ces œuvres expriment une attitude conceptuelle approfondie par un processus de répétition qui, par définition, appartient au monde ordinaire issu de la révolution industrielle et de son corollaire, la production de masse.

Par ailleurs, et à l'instar des réalisations haussmanniennes, la rationalité de leur démarche les conduit à définir *a priori* une série de critères récurrents auxquels satisfont leurs bâtiments. Ces critères tendent à définir un type. Les structures constituées de poteaux et de dalles, économiques car rationnelles, flexibles car capables de faire face à de nouveaux usages au cours du temps ; les espaces extérieurs généreux constituant un espace tampon qui permet, conjointement, de satisfaire à des exigences environnementales en augmentant l'inertie thermique des bâtiments, tout en améliorant le confort d'appartements ainsi dotés de jardins d'hiver ; les façades vitrées au maximum pour engager une relation au paysage intense depuis l'intérieur et célébrer la liberté des systèmes constructifs à ossature, constituent les fondamentaux de ce qu'ils définissent comme une architecture domestique contemporaine. Ce faisant, ils prolongent le caractère typique et volontairement retenu de l'architecture haussmannienne, qu'ils réactualisent à la lumière des possibilités structurelles et formelles du béton armé, de l'acier et du vitrage, dans la lignée de l'architecture moderne. Il résulte de cette rencontre une beauté nouvelle, calme, partageable et permanente : celle d'un monde ouvert qui a dépassé le stade héroïque de la modernité pour entrer dans celui d'une efficacité dépassionnée, et qui propose l'hypothèse crédible d'une architecture culturellement démocratique sans être populiste, reposant sur une absence de rhétorique qui permet à chacun, comme dans toute grande œuvre d'art, de se reconnaître individuellement dans une œuvre dotée d'un sens collectif.

1 César Daly, *L'Architecture privée au XIXe siècle sous Napoléon III*, t. 1 et 2, Paris, 1864, p. 17.

HIPHOUSE ZWOLLE (NL)

FACTS / ÉLÉMENTS CLÉS

- **Site** / Site:
  Zwolle, Region of Overijssel, Netherlands
- **Address** / Adresse:
  Obrechtstraat 21–147
  8031 AN Zwolle
- **Client** / Client:
  Woningstichting SWZ
  Postbus 40040
  8004 DA Zwolle
  www.swz.nl
- **Program** / Programme:
  64 student apartments /
  64 appartements pour étudiants

PROCESS / PROCESSUS

- **Commission** / Commande:
  August / Août 2005
- **Planning process** / Conception:
  August / Août 2005 –
  August / Août 2007
- **Building process** / Chantier:
  September / Septembre 2007 –
  February / Février 2009

BUILDING / BÂTIMENT

- **Site area** / Surface du site:
  2 500 m²
- **Building size** / Surface bâtie:
  6 399 m² (gross / surface brute)
- **Building volume** / Volume bâti:
  18 850 m³
- **Total building budget** / Budget total:
  € 5 450 000 (excl. VAT, incl. technical installations / HT, avec équipements techniques)
  € 851/m² (gross, excl. VAT / surface brute, HT)

TEAM PLANNING AND REALIZATION / ÉQUIPE CONCEPTION ET RÉALISATION

- **Team Atelier Kempe Thill:**
  André Kempe, Oliver Thill, Cornelia Sailer with / avec David van Eck, Peter Graf, Anja Müller, Takashi Nakamura

URBAN PLANNING / PLAN URBAIN

- **Urban planner** / Urbanistes:
  De Zwarte Hond, Rotterdam (NL)
- **Partner-in-charge** / Associé en charge du projet:
  Jeroen de Willigen
- **Supervisors** / Chefs de projet:
  Jeroen de Willigen, Matthias Rottmann

CONSULTANTS / CONSULTANTS

- **Building physics** / Ingénieur, Environnement, Acoustique du bâtiment:
  Adviesbureau Nieman, Zwolle (NL)
- **Structural engineer** / Ingénieur Structure:
  Alferink – van Schieveen, Zwolle (NL)
- **Service engineer, electrical and climate installations** / Ingénieur Fluides, Installations électriques et environnementales:
  Adviesbureau Nieman, Zwolle (NL)
- **Quantity surveyor** / Économiste en construction:
  Archisupport, Amerongen (NL)
  BFB, Zwolle (NL)
- **Tender documents** / Documents de l'appel d'offre:
  Bureau Both, Haarlem (NL)

BUILDING CONTRACTOR / ENTREPRENEUR EN BÂTIMENT

- **General contractor** / Entreprise générale:
  Moes Bouwbedijf Oost bv, Zwolle (NL)

SUBCONTRACTORS / BUILDING FIRMS / BUILDING PRODUCTS / SOUS-TRAITANTS / ENTREPRISES DE CONSTRUCTION / PRODUITS DE CONSTRUCTION

- **Subcontractor, aluminum façade** / Façade en aluminium:
  Alraf bv, Ter Apel (NL)
- **Glass** / Verre:
  AGC Brussels (BE)
- **Aluminum window system** / Fenêtres en aluminium:
  Sapa Building Systems, Breda (NL)
- **Aluminum entrance door** / Porte d'entrée en aluminium:
  GEZE Slime drive SL
- **Steelwork** / Aciérie:
  Van der Ziel bv, Biddinghuizen (NL)
- **Subcontractor, plaster façade** / Façade en plâtre:
  Ben Verhoeckx VOF, Emmeloord (NL)
- **Façade system** / Système de façade:
  Sto
- **Acoustical ceiling** / Plafond acoustique:
  Asona Benelux bv, Amstelveen (NL)
- **Skylight** / Lumière zénithale:
  Brakel Atmos bv, Uden (NL)
- **Steel balustrades** / Balustrades en acier:
  Straatman bv, Lichtenvoorde (NL)
- **Floor system** / Système de plancher:
  Profex bv, Wapenveld (NL)
- **Elevator** / Ascenseur:
  Kone Liften BV, Den Haag (NL)
- **Coating, concrete walls** / Revêtement murs en béton:
  Tillman
- **Postboxes** / Boîtes aux lettres:
  Alba Postkasten bv, Maastricht (NL)
- **Lighting** / Éclairage:
  Trilux Aragon
- **Steel balustrades** / Balustrades en acier:
  Straatman bv, Lichtenvoorde (NL)
- **Doors, winter garden** / Portes des jardins d'hiver:
  Weekamp Deuren, Dedemsvaart (NL)
- **Installations** / Installations:
  Nijhof installatietechniek, Broekland (NL)

WINTER GARDEN HOUSING ANTWERPEN (BE)

FACTS / ÉLÉMENTS CLÉS

- Site / Site:
Antwerp-Nieuw Zuid, Belgium
- Address / Adresse:
Van der Sweeptstraat 4–6
2000 Antwerp
- Client / Client:
SAZ Stadsontwikkeling Antwerpen Zuid / Triple Living
Jan Van Gentstraat 7
2000 Antwerp
www.triple-living.be
- Program / Programme:
32 apartments for sale, commercial space, and underground parking / 32 appartements avec jardin d'hiver et dalle commerciale sur parking souterrain

PROCESS / PROCESSUS

- Commission / Commande:
October / Octobre 2012
- Planning / Conception:
October / Octobre 2012 – November / Novembre 2013
- Execution / Chantier:
November / Novembre 2013 – November / Novembre 2015

BUILDING / BÂTIMENT

- Site area / Surface du site:
2 230 m²
- Building size / Surface bâtie:
4 454 m² (gross, above ground level / surface brute sans sous-sol)
- Building volume / Volume bâti:
13 629 m³
- Total building budget / Budget total:
€ 7 200 000 (excl. VAT, incl. technical installations / HT, y compris installations techniques)
€ 1 264/m² (gross, excl. VAT / HT)

TEAM PLANNING AND REALIZATION / ÉQUIPE CONCEPTION ET RÉALISATION

- Team Atelier Kempe Thill:
André Kempe, Oliver Thill, Laura Paschke with / avec Martins Duselis, Andrius Raguotis, Teun van der Meulen, Jan Gerrit Wessels
- Partner architect / Architectes associés:
Poponcini Lootens Architects Antwerp (BE), with / avec Mauro Poponcini, Jorn Peeters

URBAN PLANNING / PLAN URBAIN

- Urban planner / Urbanistes:
Studio Associato Bernardo Secchi Paola Viganò, Milan (IT)

CONSULTANTS / CONSULTANTS

- Landscape architect / Architecte paysagiste:
Bureau Bas Smets, Brussels (BE)
- Structural engineer / Ingénieur Structure:
Studiebureau Forté bvba, Geel (BE)
- Building physics/EPB / Ingénieur général/PEB:
CES nv, Asse (BE)

BUILDING CONTRACTOR / ENTREPRENEUR EN BÂTIMENT

- General contractor / Entreprise générale:
Interbuild nv, Wilrijk (BE)

SUBCONTRACTORS / BUILDING FIRMS / BUILDING PRODUCTS / SOUS-TRAITANTS / ENTREPRISES DE CONSTRUCTION / PRODUITS DE CONSTRUCTION

- Subcontractor, aluminum façade / Façade en aluminium:
Vorsselmans nv, Loenhout (BE)
- Aluminum window system / Fenêtres en aluminium:
Schueco AWS 75SI and AWS 90SI
- Aluminum curtain wall façade / Mur rideau en aluminium:
Schueco FW 50
- Aluminum sliding doors / Portes coulissantes en aluminium:
Reynaers CP 155 – LS Minergie
- Aluminum lamella façade / Façades en lamelles d'aluminium:
Storax ST-033
- Winter garden façade / Façades des jardins d'hiver:
Metaglas, Tiel (NL)
- Timber frame construction / Ossature en bois:
Sibomat, Zulte (BE)
- Wooden cladding, winter garden / Revêtement bois des jardins d'hiver:
Meranti wood
- Fairfaced concrete / Béton apparent:
De Jong Beton, Alphen (Baarle-Nassau) (NL)
- Fairfaced concrete stairs / Escaliers préfabriqués en béton:
OMG prefab beton
- Green roof / Toiture végétalisée:
IBIC
- Elevator / Ascenseur:
Kone
- Concrete floor system / Dalle en béton:
DRT
- Kitchen / Cuisines:
Bulthaup
- Parquet floor / Revêtement de sol (parquet):
Brabo
- Installations / Installations:
Nijhof installatietechniek, Broekland (NL)

TENEVER BREMEN (DE)

FACTS / ÉLÉMENTS CLÉS

- Site / Site:
  Bremen, Tenever district
- Address / Adresse:
  Bremen Tenever
  Otto-Brenner-Allee / Binger Weg
  28325 Bremen
- Client / Client:
  Gewoba AG Wohnen und Bauen
  Rembertiring 27
  28195 Bremen
  www.gewoba.de
- Program / Programme:
  28 social housing apartments, nursery school, and office space / 28 appartements avec jardin d'hiver, école maternelle et bureaux

PROCESS / PROCESSUS

- Commission / Commande:
  April / Avril 2015
- Planning process / Conception:
  April / Avril 2015 –
  March / Mars 2016
- Building process / Chantier:
  April / Avril 2017 –

BUILDING / BÂTIMENT

- Site area / Surface du site:
  2 500 m^2
- Building size / Surface bâtie:
  4 760 m^2 (gross / surface brute)
- Building volume / Volume bâti:
  17 436 m^3
- Total building budget / Budget total:
  € 5 200 000 (excl. VAT, incl. technical installations / HT, y compris installations techniques)
  € 1 092/m^2 (gross, excl. VAT / HT)

TEAM PLANNING AND REALIZATION / ÉQUIPE CONCEPTION ET RÉALISATION

- Team Atelier Kempe Thill:
  André Kempe, Oliver Thill, Laura Paschke with / avec Jan Gerrit Wessels, Martins Duselis, Kento Tanabe

- Partner architect / Architectes associés:
  IMP Ingenieurbüro Mirsanaye + Partner, Bremen (DE)
  (including quantity surveillance and tender documents / y compris économiste de construction et dossier de l'appel d'offre)

URBAN PLANNING / PLAN URBAIN

- Urban planner / Urbanistes:
  Spengler Wiescholek Architekten, Hamburg (DE)
- Landscape architect / Architecte paysagiste:
  Spalink Sievers Landschaftsarchitekten, Hannover (DE)

CONSULTANTS / CONSULTANTS

- Building physics / Ingénieur environnement, acoustique et physique du bâtiment:
  BZE Ökoplan, Hamburg (DE)
- Structural engineer / Ingénieur Structure:
  IMP Ingenieurbüro Mirsanaye+ Partner, Bremen (DE)
- Service engineer, climate installations / Ingénieur fluides:
  GIG, Bremen (DE)
- Service engineer, electrical installations / Ingénieur en génie électrique:
  Ingenieurbüro Haake, Bremen (DE)

WINTERGARDEN HOUSING PARIS (FR)

FACTS / ÉLÉMENTS CLÉS

- Site / Site:
Porte de Montmartre, Paris, 18th arrondissement
- Address / Adresse:
64 rue Binet
75018 Paris
France
- Client / Client:
Paris Habitat OPH
21 bis rue Claude Bernard
75005 Paris
www.parishabitat.fr
- Program / Programme:
50 social housing apartments, dental clinic, mother and child protection center, and underground parking / 50 appartements avec jardin d'hiver, cabinet de dentiste, centre de PMI et parking souterrain

PROCESS / PROCESSUS

- Commission / Commande:
October / Octobre 2011
- Planning process / Conception:
May / Mai 2012 – September / Septembre 2012
- Building process / Chantier:
June / Juin 2014 – May / Mai 2016

BUILDING / BÂTIMENT

- Site area / Surface du site:
1 450 m²
- Building size / Surface bâtie:
5 598 m² (gross, incl. parking / surface brute, y compris parking)
- Building volume / Volume bâti:
17 783 m³
- Total building budget / Budget total:
€ 7 300 000 (excl. VAT, incl. technical installations / HT, y compris installations techniques)
€ 1 304/m² (gross, excl. VAT, incl. parking / HT, y compris parking)

TEAM COMPETITION / ÉQUIPE CONCOURS

- Team Atelier Kempe Thill:
André Kempe, Oliver Thill, Thomas Antener, Pauline Durand, Andrius Raguotis, Karel Kubza

- Partner architect / Architectes associés:
Fres Architectes with Laurent Gravier, Sara Martin-Camara

TEAM PLANNING AND REALIZATION / ÉQUIPE CONCEPTION ET RÉALISATION

- Team Atelier Kempe Thill:
André Kempe, Oliver Thill, Thomas Antener with / avec Louis Lacorde, Pauline Durand, Andrius Raguotis, Martins Duselis, Anne-laure Gerlier, Jitske Torenstra, Jan-Gerrit Wessels, Marion Serre
- Partner architect / Architectes associés:
Fres Architectes with / avec Laurent Gravier, Sara Martin-Camara, Killian Rolland, Diane Roman, Artur Almeida

URBAN PLANNING / PLAN URBAIN

- Urban planner / Urbanistes:
Atelier Choiseul, Paris (FR)
- Supervisor / Chef de projet:
Romain Montet

CONSULTANTS / CONSULTANTS

- Landscape architect / Architecte paysagiste:
Christine Dalnoky, Gordes (FR)
- Building physics / Ingénierie de l'énergie et de l'environnement:
ALTO Ingénierie, Bussy-Saint-Martin (FR)
- Structural engineer / Ingénieur Structure:
VP&Green, Paris (FR)
- Service engineer, electrical and climate installations:
ALTO Ingénierie, Bussy-Saint-Martin (FR)
- Quantity surveyor / Économiste en construction:
Bureau BMF, Le Rivier d'Apprieu (FR)
- Tender documents / Documents de l'appel d'offre:
Bureau BMF, Le Rivier d'Apprieu (FR)

BUILDING CONTRACTOR / ENTREPRENEUR EN BÂTIMENT

- General contractor / Entrepreneur général:
Outarex, Arcueil (FR)

SUBCONTRACTORS / BUILDING FIRMS / BUILDING PRODUCTS / SOUS-TRAITANTS / ENTREPRISES DE CONSTRUCTION / PRODUITS DE CONSTRUCTION

- Aluminum façade / Façades en aluminium:
France 2000, Torvilliers (FR)
- Winter garden façade / Façades des jardins d'hiver:
France 2000, Torvilliers (FR)
- Aluminum window system / Système de fenêtres en aluminium:
Technal (Sapa)
- Winter garden sliding doors / Portes coulissantes des jardins d'hiver:
Technal (Sapa)
- Aluminum cladding / Revêtement aluminium:
Colorissime by Arval (ArcelorMittal)
- Steel balustrades / Balustrades en acier:
LPP, Boissy-sous-Saint-Yon (FR)
- Floor system entrance hall / Revêtement de sol dans l'entrée:
Paint
- Floor apartments / Revêtement de sol dans les appartements:
Itec
- Elevator / Ascenseur:
Kone
- Postboxes / Boîtes aux lettres:
Renz
- Lighting / Éclairage:
Sammode
- Kitchens / Cuisines:
Moderna
- Steel balustrades / Balustrades en acier:
LPP, Boissy-sous-Saint-Yon (FR)
- Winter garden curtains / Stores des jardins d'hiver:
Isocolor de Isotiss, Saint-Philibert (FR)
- Installations / Installations:
RPCS, Chevry-Cossigny (FR)

BIOGRAPHIES

JEAN-LOUIS COHEN

Trained as an architect and historian, Jean-Louis Cohen (born 1949 in Paris) has held the Sheldon H. Solow Chair for the History of Architecture at New York University's Institute of Fine Arts since 1994. He has also been a guest professor at the Collège de France since 2014. His research has focused on the French, German, and Soviet architectural avant-gardes, on colonial situations, and on Paris planning history. He has published more than thirty books, including: *France: Modern Architectures in History* (2015), *Le Corbusier: An Atlas of Modern Landscapes* (2013), *The Future of Architecture Since 1889* (2012), *Architecture in Uniform* (2011), *Mies van der Rohe* (2007), *Casablanca: Colonial Myths and Architectural Ventures* (2002), and *Le Corbusier and the Mystique of the USSR* (1992). Featured among the numerous exhibitions he has curated are the centennial show *L'aventure Le Corbusier,* Centre Georges Pompidou, Paris (1987), *Scenes of the World to Come* and *Architecture in Uniform,* Canadian Center for Architecture, Montréal (1995 and 2011), *Interférences / Interferenzen: Architecture, Allemagne, France,* Musées de Strasbourg, Strasbourg (2013), and *Le Corbusier: An Atlas of Modern Landscapes,* Museum of Modern Art, New York (2013). Cohen received a special mention of the jury for his French Pavilion at the Venice Architecture Biennale in 2014.

Architecte et historien de formation, Jean- Louis Cohen occupe depuis 1994 la chaire Sheldon H. Solow en histoire de l'architecture à l'*Institute of Fine Arts* de l'université de New York. Il est professeur invité au Collège de France depuis 2014. Sa recherche s'est concentrée sur les avant-gardes architecturales, françaises, allemandes, et soviétique, les situations coloniales et enfin l'histoire de l'urbanisme à Paris. Il a publié plus de trente livres, dont : *Architecture du XXe siècle en France. – Modernité et continuité* (2015), *Le Corbusier : A Atlas of Modern Landscapes* (2013), *L'Architecture au futur depuis 1889* (2012), *Architecture en uniforme* (2011), *Mies van der Rohe* (2007), *Casablanca, – Mythes et figure d'une aventure urbaine* (2002), *Le Corbusier et la mystique de l'URSS* (1987). Parmi les nombreuses expositions dont il a été commissaire figurent : *L'Aventure Le Corbusier* (1987) au Centre Georges-Pompidou ; *Scènes de la vie future*, et *Architecture en uniforme* au Centre canadien d'architecture (1995 et 2011) ; *Interférences / Interferenzen – Architecture, Allemagne, France* aux Musées de Strasbourg (2013) ; et *Le Corbusier : an Atlas of Modern Landscapes* (2007) au Museum of Modern Art. En 2014, il a reçu une mention spéciale du jury pour le pavillon français à la biennale d'architecture de Venise.

ANDRÉ KEMPE

André Kempe (born 1968 in Freiberg, GDR) co-founded Atelier Kempe Thill Architects and Planners in 2000, together with Oliver Thill. He studied architecture and urbanism at the Technische Universität Dresden from 1990 to 1996, including a one-year research study on urban development in Paris and Tokyo. He worked in 1997 for de Architecten Cie. in Amsterdam and from 1997 to 2000 for Karelse van der Meer Architecten. Since 1999 Kempe has been a visiting lecturer and professor at the Delft University of Technology, the ArtEZ Academie van Bouwkunst in Arnhem, the Rotterdam Academie van Bouwkunst, the École polytechnique fédérale de Lausanne (EPFL), the Peter Behrens School of Arts (PBSA) in Düsseldorf, and the Technische Universität Berlin. From 2003 to 2005 he was a board member for the Young European Architects, from 2005 to 2009 he was a member of the Hagis Commission of the Netherlands Architecture Fund, and since 2009 he has been a member of the board of *MONU – Magazine on Urbanism.* Since 2016 Kempe has also been a board member of Europan Netherlands.

André Kempe est né à Freiberg (RDA) en 1968 et a fondé l'Atelier Kempe Thill Architects and Planners avec Oliver Thill en 2000. Durant ses études d'architecture et d'urbanism à la Technische Universität Dresden entre 1990 et 1996, il a consacré un an à l'étude du développement urbain à Paris et Tokyo. En 1997, il a travaillé au bureau Architecten Cie d'Amsterdam puis, de 1997 à 2000, chez Karelse van der Meer Architecten. Depuis 1999, il a enseigné à la Delft University of Technology, à l'ArtEZ Akademie van Bouwkunst d'Arnhem, à l'Akademie van Bouwkunst de Rotterdam, à l'EPFL de Lausanne, au PBSA de Düsseldorf et à la TU de Berlin. Il a été membre du conseil de l'association Young European Architects entre 2003 et 2005 et a siégé à la Fondation Hagis Commission of the Netherlands Architecture de 2005 à 2009. Il fait partie du conseil du *Magazine on Urbanism* (MONU) depuis 2009 et est membre du conseil de l'Europan Netherlands depuis 2016.

ÉRIC LAPIERRE

Éric Lapierre (born 1966 in Tarbes, France) is an architect, theoretician of architecture, and teacher at the Ecole Nationale Supérieure d'Architecture (ENSA) de Marne-la-Vallée and at the École polytechnique fédérale de Lausanne (EPFL). Since 2012 he has been a visiting lecturer at Accademia di architettura di Mendrisio, Université de Montréal, and Université du Québec à Montréal. He realizes buildings, from his office in Paris, which receive recognition on a regular basis. His work seeks to define how architecture can continue existing as a high-cultural discipline in ordinary contemporary conditions; it is based on the conviction that, now more than ever, only a theoretical approach can confer intensity and meaning onto contemporary space. This is why he doesn't differentiate between his teaching activities, his work based on the specificity of architecture's rationality over surrealism, and his practice. He has published *Architecture of the real* (Paris, 2003), *Paris – Identification d'une ville* (Paris, 2002), *Paris – Guide d'architecture 1900–2008* (Paris, 2008), *Le Point du Jour A Concrete Architecture* (Cherbourg, 2011). He also conceived the iPhone app Guide Archi Paris.

Éric Lapierre (né à Tarbes en 1966) est architecte, théoricien de l'architecture et enseignant à l'École nationale supérieure d'architecture de Marne-la-Vallée (ENSA) et à École polytechnique

SHORT OFFICE HISTORY

fédérale de Lausanne (EPFL). Il est aussi professeur invité à l'Accademia di architettura de Mendrisio, à l'Université de Montréal et à l'Université du Québec à Montréal depuis 2012. Il construit, au sein d'une agence installée à Paris, dont la production est régulièrement primée. Son travail vise à définir la manière dont l'architecture peut continuer d'exister en tant que discipline culturelle savante dans la condition ordinaire contemporaine et repose sur la conviction que, plus que jamais, seule une approche théorique est à même à conférer sens et intensité à l'espace contemporain. Pour cette raison, il n'établit aucune distinction entre son enseignement, où ses travaux portent sur la spécificité de la rationalité architecturale et sur le surréalisme, et sa pratique. Il a publié *Architecture du réel* (2003), *Paris – Identification d'une ville* (2002), *Paris – Guide d'architecture 1900–2008* (2008), *Le point du jour, une architecture concrète* (2011). Il a aussi conçu l'application pour iPhone *Guide Archi Paris*.

OLIVER THILL

Oliver Thill (born 1971 in Karl-Marx-Stadt, GDR) co-founded Atelier Kempe Thill Architects and Planners in 2000, together with André Kempe. He studied architecture and urbanism at the Technische Universität Dresden from 1990 to 1996, including a one-year research study on urban development in Paris and Tokyo. He worked in 1997 for de Architecten Cie. in Amsterdam and from 1997 to 2000 for DKV architecten in Rotterdam. Since 1999 he has been a visiting lecturer and professor at the Delft University of Technology, the ArtEZ Academie van Bouwkunst in Arnhem, the Rotterdam Academie van Bouwkunst, the Berlage Institute Rotterdam, The Berlage Center for Advanced Studies in Architecture and Urban Design Delft, the École polytechnique fédérale de Lausanne (EPFL), the Peter Behrens School of Arts (PBSA) in Düsseldorf, and the Technische Universität Berlin. From 2009 until 2012 he served as a board member of the Jaap Bakema Foundation Rotterdam. Since 2014 he has been part of the advisory board of the Rotterdam Academie van Bouwkunst.

Oliver Thill est né à Karl-Marx-Stadt (RDA) en 1971 et a fondé l'Atelier Kempe Thill Architects and Planners en 2000 avec André Kempe. Durant ses études d'architecture et d'urbanisme à la Technische Universität Dresden entre 1990 et 1996, il a consacré un an à l'étude du développement urbain à Paris et Tokyo. En 1997, il a travaillé au bureau Architecten Cie d'Amsterdam puis, de 1997 à 2000, chez DKV Architecten à Rotterdam. Depuis 1999, il a enseigné à la Delft University of Technology, à l'ArtEZ Akademie van bouwkunst d'Arnhem, à l'Akademie van Bouwkunst de Rotterdam, au Berlage Institute de Rotterdam, au Berlage Center for Advanced Studies in Architecture and Urban Design de Delft, à l'EPFL de Lausanne, au PBSA de Düsseldorf et la TU de Berlin. Il a siégé à la fondation Jaap Bakema de Rotterdam entre 2009 et 2012 et est membre du comité consultatif de l'Akademie van Bouwkunst de Rotterdam depuis 2014.

Atelier Kempe Thill Architects and Planners was founded in 2000 in Rotterdam by two German architects, André Kempe (b. 1968) and Oliver Thill (b. 1971), following their Europan 5 winning proposal of 300 dwellings in the Kop van Zuid district of Rotterdam. In the last sixteen years, the practice has grown into a stable, medium-sized office with around twenty-five employees. The office's range of work has systematically broadened since its founding. Beginning with collective housing and small public building commissions, the practice portfolio has developed to include large renovation, infrastructure, and urban design projects. Since its founding, Atelier Kempe Thill has established itself within the wider European market. Through its participation in over 150 international competitions, the office has acquired commissions in the Netherlands, Germany, Belgium, France, Austria, Switzerland, and Morocco. In the last sixteen years, the office has appeared in around 500 publications worldwide, inlcuding three monographs. In addition, the office's partners have given over 200 lectures.

L'Atelier Kempe Thill Architectes et Urbanistes a été fondé en 2000 à Rotterdam par deux architectes allemands, André Kempe (né en 1968) et Oliver Thill (né en 1971), suite à leur consécration à l'Europan 5 pour leur projet de trois cents logements à Rotterdam-Kop van Zuid. Durant les seize dernières années, la structure s'est développée pour devenir une agence de taille moyenne avec environ vingt-cinq employés. L'éventail des travaux s'est progressivement élargi : aux programmes de logements collectifs et aux petites commandes publiques des premiers temps sont venus s'ajouter de grands projets de rénovation, des infrastructures et des projets d'urbanisme. L'Atelier Kempe Thill a élargi son marché au territoire européen grâce à sa participation à plus de 150 concours internationaux et a obtenu des commandes aux Pays-Bas et au Maroc ainsi qu'en Allemagne, Belgique, France, Suisse et Autriche. Trois monographies et environ cinq cents articles ont été consacrés à son travail ces seize dernières années. André Kempe et Oliver Thill ont par ailleurs donné plus de deux cents conférences.

SELECTION OF REALIZED WORKS
SÉLECTION DE TRAVAUX RÉALISÉS

- Museum pavilion, "light building" / Pavillon-musée Light Building, Rotterdam (NL), 2001
- Dutch Pavilion, IGA 2003, "Hedge building" / Hedge Building (pavillon hollandais à l'exposition IGA 2003) Rostock (DE), 2003
- Row houses / Ensemble de maisons individuelles, Roosendaal (NL), 2005
- Franz Liszt Concert Hall / Salle de concert Franz-Liszt, Raiding (AT), 2006
- Apartment block / Bloc d'appartements, Amsterdam-IJburg (NL), 2007
- Museum for Traditional Crafts / Musée de l'Artisanat traditionnel, Veenhuizen (NL), 2008
- Information center, Ministry of Justice / Centre d'information du ministère de la Justice, Rotterdam (NL), 2008
- Town houses / Villas urbaines, Amsterdam-Osdorp (NL), 2008
- Apartment tower / Tour résidentielle, Zwolle (NL), 2009
- Open air theater and bridge / Théâtre en plein air et pont de Grotekerkplein, Grotekerkplein, Rotterdam (NL), 2010
- Remodeling of 1,100 apartments / Réhabilitation de 1100 appartements, Uithoorn (NL), 2010
- Youth center / Maison des jeunes, Amsterdam-Osdorp (NL), 2011
- 600-bed youth hotel / Auberge de jeunesse de 600 places, Prora (DE), 2011
- 110 houses / Cent-dix maisons, The Hague-Moerwijk (NL), 2012
- Junky Hotel / Centre de désintoxication, Amsterdam-Zuidoost (NL), 2012
- Parliament of the German-speaking Community / Parlement de la communauté germanophone, Eupen (BE), 2013
- Refurbishment of town hall / Réhabilitation de la mairie, Borsele (NL), 2014
- Apartment building / Immeuble de logements, Antwerp-Nieuw Zuid (BE), 2016
- Smart Grid Laboratory, Catholic University of Leuven / Laboratoire de réseaux intelligents de l'université catholique, Leuven (BE), 2016
- Two apartment buildings / Deux immeubles de logements, Paris-Porte de Montmartre (FR), 2016
- Surgery department, University Medical Center / Département de chirurgie du CHU, Utrecht (NL), 2017

SELECTION OF WORK UNDER CONSTRUCTION
SÉLECTION DES TRAVAUX EN COURS DE RÉALISATION

- Restoration of DeHarmonie concert hall and park / Réhabilitation de la salle de concert et du parc DeHarmonie, Antwerp (BE), 2020
- Refurbishment of two slab buildings with 100 apartments / Réhabilitation de deux immeubles sur dalle avec cent appartements, Antwerp (BE), 2017
- Housing estate / Quartier résidentiel, Arnhem (NL), 2017

SELECTION OF WORK IN PLANNING
SÉLECTION DES TRAVAUX EN ÉTUDE

- Housing block / Bloc de logements, Bremen (DE), 2011–
- Elderly housing estate with 120 housing units / Foyer du troisième âge (120 appartements), Heist-op-den-Berg (BE), 2012–
- Master plan and ecological farm / Plan masse et ferme écologique, Kappel am Albis (CH), 2013–
- Master plan for 400 houses / Plan masse de quatre cents maisons, Sint-Truiden (BE), 2013–
- Extension and transformation of Antwerp Maritime Academy / Extension et transformation de l'Académie de la Marine, Antwerp (BE), 2014–
- T2 Campus, school building, Thor Park / Campus T2 / école Thorpark, Genk (BE), 2015–
- Refurbishment of two slab buildings with 100 apartments / Réhabilitation de deux immeubles sur dalle avec cent appartements, Brussels (BE), 2015–
- Sint-Lucas School of Arts / École des Beaux-arts Saint-Luc, Antwerp (BE), 2016–
- Apartment block and supermarket / Bloc d'appartements et supermarché, Antwerp Nieuw-Zuid (BE), 2016–
- Winter garden tower block / Tour avec jardins d'hiver, Hasselt (BE), 2016–
- Learning center Infrabel / Centre d'apprentissage Infrabel, Brussels (BE), 2016–
- Faculty of economics, Hasselt University / Faculté d'économie, Université de Hasselt, Hasselt (BE), 2016–

PRIZES / AWARDS
PRIX REMPORTÉS

- Europan 5, Rotterdam (NL), 1999
- The house of the 21st century, Roosendaal (NL), 2001
- Bauwelt Award (DE), 2003
- Detail award (DE), 2005, 2009
- Rotterdam Maaskant Prize for Young Architects (NL), 2005
- Design Vanguard 2007 (US), 2007
- Burgenländischer Architekturpreis (AT), 2008
- Special mention / mention spéciale, European Prize for Urban Public Space (ES), 2010
- AM-NAi Award (NL), 2010
- Dutch Architect of the Year / Architectes de l'année (NL), 2011
- Honorable mention / mention « avec honneurs », Architecture of Necessity (SE), 2012
- Ugo Rivolta European Award for Social Housing (IT), 2013
- Special mention / mention spéciale, Prix Phillipe Rotthier (BE), 2014
- Nomination, Mies van der Rohe Award, Barcelona (ES), 2009, 2011, 2013, 2015
- AIT Award, Frankfurt am Main (DE), 2016
- Nomination, Schelling Award, Karlsruhe (DE), 2016
- Nomination, Équerre d'argent, Paris, (FR), 2016

ATELIER KEMPE THILL BOOK TEAM
ÉQUIPE LIVRE ATELIER KEMPE THILL

André Kempe
Oliver Thill
Pauline Durand
Kento Tanabe
Anna Speakman
Martins Duselis
Karin Wolf
Pierre Berthelomeau

Atlier Kempe Thill
Architects and Planners
Postbus 13064
3004 HB Rotterdam NL
Visiting address:
Van Nelle Weg 8065
3044 BC Rotterdam NL

Atelier Kempe Thill
Architectes et Urbanistes
11 Rue Lafayette
75009 Paris
France

T +31 (0)10 750 37 07
F +31 (0)10 750 36 97
office@atelierkempethill.com
www.atelierkempethill.com

ACKNOWLEDGMENTS
REMERCIEMENTS

We would like to thank all the people who made the presented projects possible, especially our clients, the urban planners and city architects, and the entire design teams, including the partner offices and all contractors. A great thanks to our sponsors for their generous support that made this publication possible:

Nous aimerions remercier toutes les personnes qui ont permis de réaliser les projets présentés dans ce recueil, en particulier nos clients, les urbanistes, les architectes municipaux et toute l'équipe de conception, notamment nos partenaires architectes et les diverses entreprises de travaux.
Un grand merci également aux sponsors dont le soutien généreux a permis la publication de ce livre :

TRIPLE LIVING
Jan van Gentstraat 7 bus 501
2000 Antwerp
Belgium
Tel. +32 (0) 472 377 090
www.triple-living.be

Triple Living is Atelier Kempe Thill's client for the winter garden housing project in Antwerp-Nieuw Zuid and for the ongoing Foodcourt project, also in Antwerp-Nieuw Zuid.

Triple living est notre client pour le projet des logements avec jardins d'hiver à Anvers-Nieuw Zuid et pour le projet Foodcourt en cours de réalisation, également à Anvers-Nieuw Zuid.

Outarex
113 Avenue Aristide Briand
94 743 Arcueil CEDEX
France
Tel. 01.49.08.74.04
www.outarex.com

Outarex is the general contractor that was responsible for the execution of the Montmartre housing project in Paris.

Outarex est l'entreprise générale de travaux chargée du projet de logements Paris-Montmartre.

Technal
270 Rue Léon Joulin
31037 Toulouse
France
Tel. +33 5 61 31 28 28
www.technal.com

Technal is the firm that has delivered the entire aluminum window and door system for the Montmartre housing project in Paris, including all sliding doors of the winter gardens and all thermally insulating doors and windows.

Technal a livré l'ensemble du système de portes et fenêtres pour le projet de logements Paris-Montmartre, notamment les portes coulissantes des jardins d'hiver et les huisseries isolantes.

bmf

Bureau Michel Forgue
250 Route de Charavines
38140 le Rivier d'Apprieu
France
Tel. 0033 4 76 65 19 34
www.bmf-economie.fr/

Bureau Michel Forgue is a specialized consulting firm for everything related to building costs, including contract management for the design teams but also for the executing firms, building costs, tendering procedures, and so forth. Bureau Michel Forgue collaborated with Atelier Kempe Thill on the Montmartre housing project, but also on a series of competitions in France.

Le Bureau Michel Forgue est spécialisé dans l'économie du bâtiment, notamment la gestion des contrats des équipes de conception, des entreprises générales de travaux, des frais de construction, des appels d'offres, etc. Le Bureau Michel Forgue a collaboré avec l'Atelier Kempe Thill pour le projet de logements Paris-Montmartre ainsi que pour toute une série de concours en France.

De Jong Beton
Looiersweg 5
5131 BE Alphen
The Netherlands
Tel. +31 13 508 6710
www.dejongbeton.nl

De Jong Beton is the firm that delivered the prefabricated concrete elements for the façade of the winter garden housing project in Antwerp.

De Jong Beton a livré les éléments en béton préfabriqués pour la façade de l'immeuble de logements avec jardin d'hiver construit à Anvers.

Editor / *Éditeur:*
Atelier Kempe Thill

Project Management / *Coordination:*
Sonja Altmeppen, Hatje Cantz

Copyediting / *Suivi éditorial:*
Dawn Michelle d'Atri (English)

Translations / *Traductions:*
Anna Speakman, Atelier Kempe Thill

Graphic Design / *Composition:*
Heimann + Schwantes

Typeface / *Caractères:*
Theinhardt

Reproductions / *Photogravure:*
Jan Scheffler, prints professional

Production / *Fabrication:*
Anja Wolsfeld, Hatje Cantz

Paper / *Papier:*
Condat Matt Périgord, 150 g/m^2

Printing and Binding / *Imprimé et façonnage:*
Firmengruppe APPL, Wemding

© 2017 Hatje Cantz Verlag, Berlin, and authors / *et les auteurs*

© 2017 for the reproduced works by / *pour les œuvres reproduites de* and / *et* : VG Bild-Kunst, Bonn, the artists, and their legal successors / *artistes et ayant-droits*

Published by / *Publié par:*
Hatje Cantz Verlag GmbH
Mommsenstr. 27
10629 Berlin, Germany
Tel. +49 30 3464678 00
Fax +49 30 3464678 29
www.hatjecantz.com

A Ganske Publishing Group company / *Une entreprise du groupe d'édition Ganske*

Hatje Cantz books are available internationally at selected bookstores. For more information about our distribution partners, please visit our website at www.hatjecantz.com.

Les livres publiés par Hatje Cantz sont disponibles dans le monde entier dans les bonnes librairies. Pour des renseignements plus généraux, visitez notre site internet : www.hatjecantz.com.

ISBN: 978-3-7757-4213-9

Printed in Germany

Image Credits / *Crédits photos:*
Adornix CC BY-SA 3.0 creative commons: p. 10
Klaas Vermaas: p. 13 top / *en haut*
CG92/ Musée du domaine départemental de Sceaux, photograph: p. 13 middle / *au centre*
Vasilis Androutsos, Billy files: p. 13 bottom / *en bas*
Rob Krier: p. 14
David Hockney: p. 25
A.B. Walker: p. 26
Imagery ©2016 Aerodata International Surveys, DigitalGlobe, GeoContent, Map data ©2016 Google: p. 41 middle / *au centre*
RH Branding: p. 70 top left / *en haut à gauche*
©2016 AeroWest, DigitalGlobe, GeoBasis-DE/BKG, GeoContent, Kaartgegevens ©2016 GeoBasis-DE/BKG (©2009), Google: p. 96 bottom right / *en bas à droite*
©2016 IGN: p. 112
Library Het Nieuwe Instituut Rotterdam: p. 139 top / *en haut*
© 2016 FLC/ PICTORIGHT Amsterdam: p. 140 top / *en haut*
© 2016 FLC/ PICTORIGHT Amsterdam: p. 142 top
DIGITAL IMAGE © 19-10-2016 The Museum of Modern Art/Scala, Florence: p. 142 bottom / *en bas*
Ulrich Schwarz: pp. 6, 20, 22, 35, 36–37, 38, 49, 50, 51, 52, 54, 56–57, 59, 60–61, 62–63, 64–65, 66, 76, 79, 82, 83, 84–85, 87, 88–89, 95, 105, 106–107, 108, 109, 110, 113, 114, 126, 127, 128–129, 130, 131, 132, 133, 134–135